成长型思维训练❷

让孩子永葆自我突破、追求卓越的能力

［美］安妮·布洛克（Annie Brock）希瑟·亨得利（Heather Hundley）著

李华丽 译

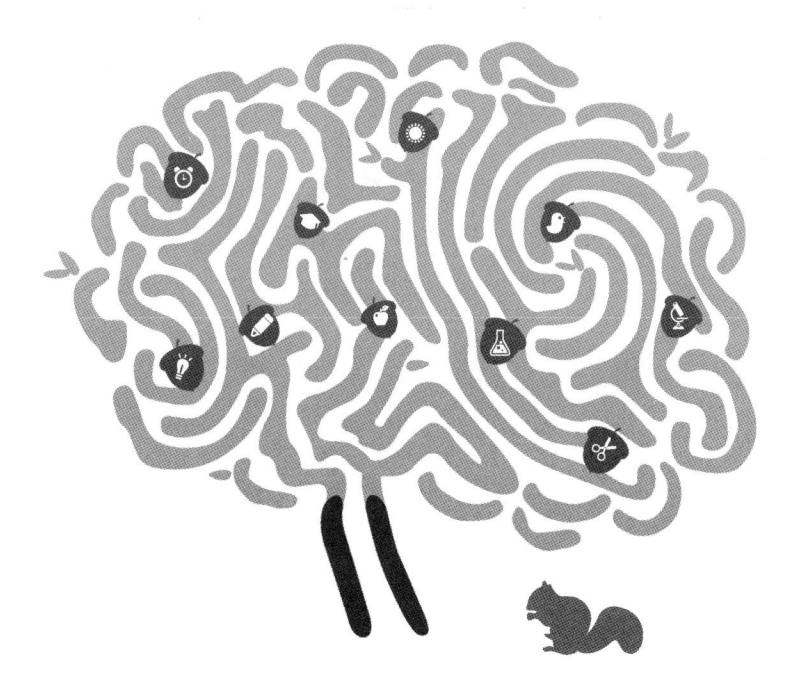

The Growth Mindset Playbook:
A Teacher's Guide to
Promoting Student Success

上海社会科学院出版社
SHANGHAI ACADEMY OF SOCIAL SCIENCES PRESS

献给杰瑞德（Jared）。

纪念海伦·穆琳（Helen Moulin）。

——安妮·布洛克

献给马特（Matt），

看我有多爱你！

——希瑟·亨得利

目录

中文版序言　花只会开在你种过的地方　　　　　黄臻博士　1

前言　热身　　　　　　　　　　　　　　　　　　　　1
第 1 章　做最好的自己　　　　　　　　　　　　　　　1
第 2 章　建立积极的关系　　　　　　　　　　　　　　17
第 3 章　头脑训练　　　　　　　　　　　　　　　　　31
第 4 章　使命：元认知　　　　　　　　　　　　　　　43
第 5 章　失败之后（失败是成功之母）　　　　　　　　57
第 6 章　羞辱游戏　　　　　　　　　　　　　　　　　69
第 7 章　人际交流　　　　　　　　　　　　　　　　　85
第 8 章　营造快乐、合作的课堂　　　　　　　　　　　103
第 9 章　增加参与　　　　　　　　　　　　　　　　　119
第 10 章　登月行动　　　　　　　　　　　　　　　　133
第 11 章　自我关怀与反思　　　　　　　　　　　　　153

注释　　　　　　　　　　　　　　　　　　　　　　　177
致谢　　　　　　　　　　　　　　　　　　　　　　　191

中文版序言

花只会开在你种过的地方

自 2018 年《成长型思维训练》中文版出版以来，成长型思维教育在华夏大地上如雨后春笋一般发展，越来越多的教师和家长加入了践行的队伍。一些学校找到我，想全校实施成长型思维教育。不少中小学教师告诉我，她们凭一己之力，在自己的班级中教学生成长型思维，在教学中体现成长型思维。我看到更多的，是广大家长充满热情的行动，从自己做成长型思维的父母开始，身体力行引导孩子做成长型思维的人。很多人欣喜地向我分享他们的收获和孩子的进步。当他们高兴地说孩子简直脱胎换骨时，我总是笑着回答说，这就是科学的力量。

科学是可以给人生带来幸福的力量。与阿 Q 精神或者半杯水乐观不同，成长型思维有着严谨的科学依据，所以它完全可以通过科学方法来培养。成长型思维模式的根源是在潜意识深度相信包括智力在内的各种决定成功的重要因素，如能力、性格乃至世界，都是可以改变的。只要努力并且方法得当，你总能让自己变得更棒。其中智力可塑性信念是成长型思维的核心基石，而这个基石本身是铁证如山的科学事实。所以，无论经历多大风雨它都不会倒。有了它，孩子的心灵便有了定海神针。

1

成长型思维训练2

在欣喜越来越多的人从成长型思维中获益的同时，我也遗憾地看到社会大众对它还有不少误解、误用。例如，有些教师和家长指望把它当作将自己意愿强加给孩子的手段。有些人以为成长型思维教育一劳永逸，教了孩子一次后就再也不用做任何跟进了。还有些人希望成长型思维是万能药，包治百病，如果事与愿违，就心生疑虑。有一位妈妈让我印象特别深刻。她的孩子在我这里接受成长型思维训练时，各方面表现都挺好。孩子在培训班里遇到挑战时迎难而上，犯错误时虚心接受批评，自我反省、改正错误都非常快。老师们看到这孩子的长足进步，都很喜欢他。然而课程结束后我们回访时，他妈妈表示非常不满，抱怨说孩子"还是顶嘴，不听我的话"。抱着吃惊的心情，我约谈了那位母亲。结果发现她把自己和儿子之间事无巨细的不同意见全认定是孩子有问题，她对孩子的感受和想法不了解、没兴趣。至于与孩子建立合作型的关系，她更是连想都没想过。当我指出问题后，这位妈妈才恍然大悟，大人和孩子的心没有通路，教育就无法开始。这样的老师和家长并不是特例。

如果把教育者必须拥有的知识技能比作一栋别墅的话，成长型思维像是二楼。它下面还得有一楼，有地基，上面还有三楼。教师和家长应该先学会如何共情、如何与孩子建立关系、如何与孩子合作解决问题，以及在这之前，要知道如何调整好自己的状态，而在掌握了这些之后，要教孩子有效的学习策略。过去两年里我不得不给一波又一波的大人开书单，给他们推荐大摞大摞的书，来帮他们补上在有能力成功培养孩子成长型思维之前，所必须了解的基础内容。说实话，这挺累的。有时候我想，如果有一本书能集中告诉读者这些东西，那该多好啊!

当青豆书坊把本书稿交给我时,我的感觉简直像是看到两位作者在大洋彼岸对我的会心一笑,大家真是心有戚戚焉。看来,她们在美国也遇到了麻烦,和我在中国遇到的一模一样!若要我用一个词来总结这本书的作用,就是"补课"!这本书里给的,正是上文所说的,那些在实施成长型思维教育中遇到问题的教师、家长需要补上的内容。有哪些呢?

首先,要想帮助孩子,你必须先与他/她建立积极温暖的关系。中国在这方面的现状有不小的进步空间。我上初一的儿子告诉我,他班上很多同学非常讨厌回家。有些同学是住读生,本来见父母的机会就少,却还嫌多。有个同学每到星期五就在教室里捶胸顿足,抱怨"又得见到我妈妈了,好烦!好烦!好烦!"亲子关系如此,教师和学生的关系似乎也不容乐观。2019年我做过一门视频公益课,科普成长型思维,得到了很多热情的留言。但其中有不少孩子说的竟然是,这课真好,但大人们不会相信的。有个初中生留言说:"我们讨厌一门科目,往往都是因为讨厌老师……你都讨厌TA了,你怎么还会喜欢上TA的课?那成绩自然就不好了……"孩子说的没错。我们每位老师、每位家长也都是从孩提时代走过来的。试试回忆,当你对批评你的长辈烦厌有加、避之唯恐不及时,他或她的批评使得你全心倾听、深以为是、醍醐灌顶吗?当然不是。那你凭什么期望你和孩子关系不好的时候,孩子能听得进去你的劝诫呢?其实,要想让孩子聆听你的意见,首先得让他愿意接受你这个人。换句话说,关系是前提。本书中一半的章节,都是在告诉你,关系多么重要,以及如何与孩子建立积极的、合作型的关系。特别提示,本书第7章中所说的"共情",是中国人普遍最需要恶补的部分。我们中国人常常了解同情,却不会共情。

如果把上述的与孩子建立关系比作一楼,把成长型思维本身的内容比作二楼,那么元认知策略可以说是教育者须知的三楼的内容。元认知指人对自己思维的思考,学习中的元认知策略则是一系列具体方法,它们是提升学习成效的通途。做成长型思维教育多年来,我发现培训能带给孩子的,本质上是个窗口期。在窗口期内,孩子相信努力就能带来进步,因此愿意付出比以往更多的尝试、坚持和坚韧。然而如何让孩子长期保持这种状态呢?唯有让他们真真切切地看到努力确实带来了进步。但众所周知,如果方法不当,努力不一定能带来进步。所以,善加利用窗口期,教孩子高效率的学习方法,就变得十分重要。这决定了孩子是否能进入良性循环,让小成就积累,带来更大的成功。元认知策略正是有效学习方法的核心之一,本书的第4章对此作了通俗易懂的介绍。

最后,照顾好自己,才有能力照顾他人。每次坐飞机,你都会听到安全提示中强调说,如果需要戴氧气面罩时,大人一定要先给自己带好,然后再去帮孩子。同样的道理,只有当你学会并做到了自我赋能,自己反思,自我调整,你才可能有足够力量去做好上面所说的一切。所以,本书最后一章所讲的教师和家长的自我关怀就像地基一样重要。

花只会开在你种过的地方,这是本书中我最喜欢的一句话。诚然,做一个成长型思维的教育者,培养成长型思维的孩子,这并不容易。即使你做了,我也不能保证你就能做到什么。但如果你做到了,一定是因为你尝试了,努力了,遇到挫折时坚持没有放弃，犯错误时从中学习教训。这，就是成长型思维。它不是一个地点，而是一条路。

黄臻

2019 年 8 月 1 日于北京

（黄臻，博士、中国科学院心理研究所非智力因素教育项目负责人、全国非智力因素学术专业委员会理事）

培养孩子成长型思维，
让孩子获得终身学习的能力！

扫码免费听《成长型思维训练》，
20 分钟获得该书精华内容。

前　言

热　身

　　人们称它为训练，但它是教学。教学不仅教会学生内容，更是教给他们内容背后的缘由。

　　　　　　　　——文斯·隆巴迪（Vince Lombardi）

　　嘿，是你！对，就是你，正在读这本书的超酷老师，我们觉得你很棒。我们知道你在想：你怎么就认为我很棒？你都不认识我！嗯，我们确实了解你一点点：你买了这本书！（或者是从朋友那里借的，或者是从图书馆查到的，或者是在垃圾箱里找到的，虽然我们真的希望你不是从垃圾箱里找到的这本书）。读这本书就意味着你有兴趣学习新的想法和策略来改进你的教学实践，而这恰恰是成长型思维的一种基本技能。瞧！你已经注意到了！这就像你在 SAT 考试中写下你的名字就能得到 20 分一样。（这到底是假的还是真的？）总之，我们知道你是棒棒的。我们了解到一些不合格的老师，虽然数量不多，但总有些出现在我们的身边。你知道他们最明显的一个特征是什么吗？他们已经放弃了，退出了，在提升自己方面举步维艰。而我们知道你没有放弃，因为你把这本书从垃圾箱里挖了出来！或者也许是买了这本书。但是，不管你是怎么拿到这本书的，我们都很高兴你在这里，而且为你和我们一道来体会成长型思维的旅程而欣喜。

成长型思维训练

2016年秋季，我们出版了《成长型思维训练》（The Growth Mindset Coach）一书，书中我们采用了卡罗尔·德韦克（Carol Dweck）的畅销书《终身成长：重新定义成功的思维模式》（Mindset：The New Psychology of Success）中关于思维的阐释，并将之运用于教学。

我们来自不同的背景。希瑟长期担任小学教师，曾教过三年级、一年级，最近还教过幼儿园。安妮是个作家，后来转做高中英语教师和图书馆媒体专家。但是，成长型思维几乎适用于所有人群，因而在我们中间产生了共鸣。尽管我们在课堂上的经历各不相同，犹如《猫和帽子》（The Cat and the Hat）和《凯撒大帝》（Julius Caesar）的巨大差别一样，但我们认识到，我们在教学方法上有许多共同之处。也就是说，如果我们建立起了牢固的师生关系，培养了重要的非认知技能，帮助学生看到了他们不可否认的潜力，以实现学业和个人的成长，我们便成功地教好了学生。

在写作《成长型思维训练》一书时，我们有幸与世界各地的教育工作者分享我们的教育思想。虽然我们了解我们的努力在自己课堂里所产生的作用，但还未准备好听到那些素未谋面却正在使用或者受益于这本书中思想和经验的人所反馈的好评。你知道当一个老师得知学生掌握了一个困惑他相当长时间的艰涩概念时，他是什么感觉吗？当然你知道，那就是，作为教师，我们就像瘾君子吸了口白粉一样陶醉。好吧，在出版

《成长型思维训练》这本书时，我们突然了解了来自许多城市的教师与学生分享的陶醉时刻，尽管这些城市我们闻所未闻。当得知我们微不足道的工作产生的巨大作用后，我们是多么的欣喜和激动！这就是为什么继第一本书后，我们决定写第二本。

《成长型思维训练2》可以说是第一本书的续集，但也可以自成一体。所以，即使你没有读过第一本书，也不要担心。这本书对任何有兴趣提升课堂成长型思维的理念和价值的教师来说都是有用的。思维，如果能被正确使用的话，是一个强有力的概念，能运用于全球任何一个角落里的学校和课堂。

在第一本书中我们就讲到的，在这里再说一遍，即成长型思维并不是万能药，可以治愈公共教育系统的一切问题。从种族隔离、资源的不公平到过度测试、父母教育的缺席，我们可以看到削弱我们教育工作的因素错综复杂，并时刻存在。在当今的教育者中推行思维科学并不能解决这些体制问题，但我们相信它会带来改变。比如，在智利，具有成长型思维的低收入学生人群所取得的成就与高社会经济阶层学生之间的差距得到了缩减，而固定型思维的低收入学生人群却没有[1]（这个研究我们会在第1章中进一步介绍）。成长型思维甚至还可以改善孩子的健康状况。最近有研究表示，患有 I 型糖尿病的孩子中，固定型思维的孩子血糖高于成长型思维的孩子。为什么？研究者认为，当孩子对自己的健康持固定型思维时，即认为他们本该这样，自己没有能力进行有力的改变，那么他们就不太配合医生的要求来对自己的健康状况进行管理。[2]

培养成长型思维具有重要作用，要研究这些作用，还有很多的工作要做。但有足够的证据表明，成长型思维可以促进学业成绩的提高。在此，我们认为：花总会开在你种植过的地方。有时，你最好能结合自身情况，从实际出发。我们想做的就是帮助你理解成长型思维，掌握如何教授与培养成长型思维的一些策略，同时了解一系列与成长型思维相关的非认知技能，它们可以帮助你和学生将生活变得更为充实。

生活和学习上演着剧本

秋日的早晨走进当地的足球场或者夏日的晚风中前往社区棒球场，你都会看到孩子们在进行球类活动，和孩子们在一起的是家长们，他们扮演着各种角色，如教练、粉丝，有时甚至是裁判。他们在观众席上大声地喊着"加油""三分球"，或者发出各种指令。场上失分后，他们会将某个孩子拉到一旁，反复强调某一点。这些大人们做着、说着许多他们在学校里经常连看都看不到的东西。如果守门员未能守好门，你不会听到家长说："咳，他不能做守门员。"或者，一个小垒球运动员在比赛中第三次被撞倒，你不会听到教练说："咳，她将来不会有出息的。"通常，你听到大人们说的都是成长型思维的语言：

"你行的！"

"集中精神！"

"下次你会成功的！"

然而，一旦谈到学习，家长们就表现出了学习偏见或者固定型思维，这在球场上很罕见。在球场上，你永远也不会听到某个家长说："儿子，我的投球水平也很烂，放弃了算了！"这样的话你绝对听不到。

成长型思维是一种存在方式，是解决问题的方式，是当你跌倒能让你把自己扶起来的方式。成长型思维体现了各种非认知特性，比如坚毅、不屈不挠、毅力、韧性以及其他可贵的品质。当孩子开始明白只要自己想做，就有能力做任何事情的时候，这些品质就会浮现出来。在运动场上，家长们注重的就是这些品质，事实上，成长型思维的语言体现了我们训练孩子的方式。可到了学习上，家长们就更注重认知上的鼓励。在运动场上，他们鼓励坚毅和韧性，而他们却认为学业的成功依靠先天的智力、本能、遗传基因或天资。家长和教练们不会不惜一切代价追求运动场上的胜利。事实上，他们通常努力打消这种念头。但到了学习上，这些都被抛开，而将重心转向好的成绩、高的分数，本质上，就是注重课堂上的成功。

你能在这本书中发现什么

在这本书里，我们将分享更多的策略、技巧、思想和研究成果，这些会帮助你理解思维模式，并辅助你的学生获得积极的成果。为了保护与我们合作的老师和学生，书中涉及的许多名字和细节都作了调整。

另外，我们自己多彩多姿满有成效的教学实践主要是在农村的贫困学校开展的，以白人和土著印第安人为主要对象。尽管我们的授课内容、教学年级或者学生对象与读者所面对的存在差异，但我们试图挖掘学生中存在的共同点。我们更关注人类整体的状况，而不是某个学校的条件。为什么呢？因为我们认为，我们是要为学生们准备他们的人生，就是要向他们灌输所有能让他们活得明白、活得开心、活得与众不同的东西。这样做的前提是，要让学生真切地明白：他们才是自己命运的主人，每天所做的选择会产生令人难以置信的复加效应，还有就是，他们一生中可能取得的成就是没有上限的。

为了追求这个目标，虽然我们相信强大而全面的教育必须要有健全的教学方法和严格的学术准备，但我们不会太关注教学的认知层面。如果学生没有机会在一个提供挑战、课程设置完善且具有优质教学指导的环境下运用成长型思维，教会学生成长型思维的作用也没法展示出来。

课程设置和教学法对素质教育至关重要，学生在校学习的非认知能力也同样重要。通常我们深信考试分数高自然就会有所成就，但研究并不能证明这一点。事实上，经济学家詹姆斯·赫克曼（James Heckman）曾在他的《美国的不平等：人力资本政策的角色是什么？》（Inequality in America：What Role for Human Capital Policies？）一书中写道："我们可以举出很多例子证明，高智商的人因为缺乏自律而一无所成，低智商的人因为毅力、可靠性和自律而获得成功"[3]如果你曾从事过教学，你很有可能会找到证据证明赫克曼的论点。我们已经碰到过这种高分学生却完全缺乏学习动机，或者是几乎"不是读书这块料"的学生通过努力掌握知识，最终凭借勇气和决心取得了成功。

已经有研究表明，坚持和自律是与学业成绩以及以后的成功分不开的。但要向学生灌输一种理念，说明他们今日，比如在六年级的数学学习中，他们所做的微小选择会长远地影响他们今后的成功，这一点却不容易做到。明确教授学生非认知技能在这方面显得尤为重要。专门对成长型思维进行广泛研究的斯坦福大学教育研究项目（Project for Education Research that Scales：PERTS）的研究表明，如果我们明确教会学生成长型思维的概念，告诉他们学习的方式，明确他们目前的学习理由和方式会帮助他们结合自身的特点在未来获得成就，这些学生的学习动机会得到提高，比较起那些没有得到这方面明确指导的学生来说，他们也更能获得较多的正面体验。[4]

这项研究重申了我们关于综合教育应该包含非认知教育的理念。每个学生都是一个完整的个体，以一种独特的方式接触着各种信息并与世界连接，认识到这一点很重要，它将为学生创造一种学习氛围，让他们离校后仍然受益。当学生了解了思维模式，他们就会明白未来是否有成就取决于他们自身。将成长型思维运用于实践，需要一系列的技能、本领和经验，需要锻炼勇气和韧性，改善人际关系，提升自我调节的能力。当学生有了成长型思维，他们就会体会到完全的改变。这就证明为什么教会成长型思维不仅仅是告诉学生如何学习或者对学生的努力表示肯定：作为一个成长型思维导向的教师，意味着你要形成自己的成长型思维，并真实地示范给学生。你的示范会让学生改变自己固定的想法，开始将失败作为提升的机会，面对挑战时更加大胆而不是受到恐吓，并以他们未曾想到的方式成长。

思维模式回顾

如果你此前从未听说过思维模式，我们建议你马上将卡罗尔·德韦克的《终身成长：重新定义成功的思维模式》一书加入你的书单。

作为一名20世纪70年代的年轻研究人员，德韦克研究了学生如何应对失败。在研究过程中，她发现在面对有难度的挑战时，有些学生跃跃欲试，而有的学生却意志消沉。进而，她发现在学习过程中那些愿意接受挑战、与失败作斗争的学生往往比那些选择逃避困难的学生成绩会更好。德韦克迅速将研究重心转向这种现象，并发现这种现象四处可见——学校教育、家庭育儿、商务往来，甚至体育活动。最后，她给这个现象命了一个名，叫思维模式。

德韦克在她的研究和观察中，区分了两种常见的思维模式：固定型思维和成长型思维。

固定型思维：认为人出生时具有固定量的才智与能力。采取固定型思维的人倾向于回避挑战与失败，从而剥夺了自己过上富于体验与学习的生活。[5]

成长型思维：认为通过练习、坚持和努力，人具有学习与成长的无限潜力。采取成长型思维的人能够接受挑战，因为他们知道犯错和失败对于成长至关重要。[6]

拥有固定型思维的人相信他们生来在智力、技能和天资方面就已经固定了。通常，在面对挑战时，这种人会非常努力地避免失败或者避免看起来很愚蠢，这样做自然就剥夺了自身体验丰富生活的机会。相反，拥有成长型思维的人认为凭借练习、坚持和努力，他们具备无限的潜能进行学习和获得成长。在这种思维模式里，只要人们愿意，智力、技巧和才能会源源不断地出现。具备这种思维的人更容易接受挑战，他们相信犯错和克服困难是成长过程中不可缺少的一部分。

我们认为，了解自己的主导思维类型（固定型还是成长型）具有重要作用。如果你从来没有进行过思维评估，很简单，只要在下面选出最能表达你想法的陈述即可。

1. _____ 有些事情我真的不擅长。

2. _____ 我不介意失败，因为这是一次学习的机会。

3. _____ 当别人做得比我好时，我会觉得自己很差劲。

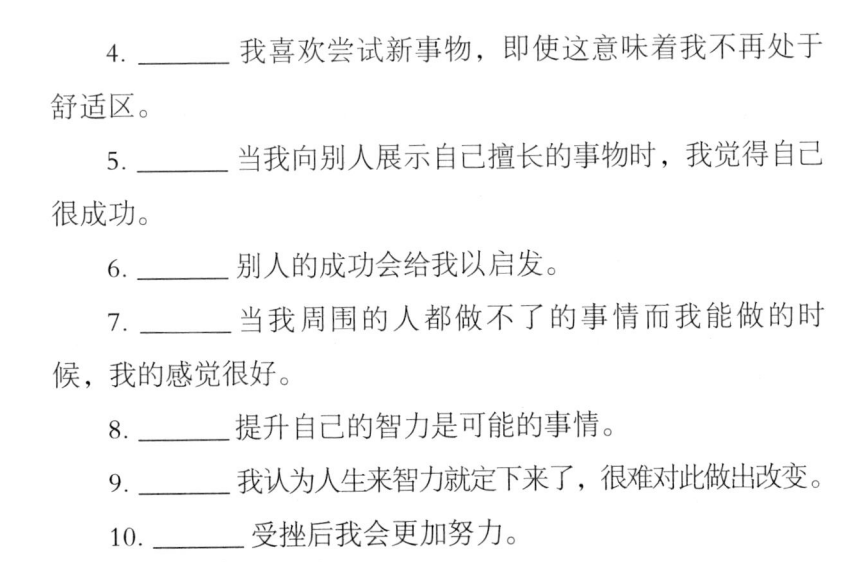

4. _____ 我喜欢尝试新事物，即使这意味着我不再处于舒适区。

5. _____ 当我向别人展示自己擅长的事物时，我觉得自己很成功。

6. _____ 别人的成功会给我以启发。

7. _____ 当我周围的人都做不了的事情而我能做的时候，我的感觉很好。

8. _____ 提升自己的智力是可能的事情。

9. _____ 我认为人生来智力就定下来了，很难对此做出改变。

10. _____ 受挫后我会更加努力。

在这个评估中，奇数位（1，3，5，7，9）的陈述通常属于固定型思维，而偶数位（2，4，6，8，10）的陈述则属于成长型思维，要记住，这些答案没有对错之分，因为明白自己主导的思维模式，只是开展成长型思维导向教学的第一步。很多情况下，你拥有不同的思维模式，在完成一些任务时可能你用到的是成长型模式，而另一些任务则可能激发你的固定型思维。不管你的出发点是哪种思维，我们知道：在这方面你成长与改变的能力取决于你完成工作的意愿，如果你一心想成为一个具有真正成长型思维的教师，我们确信你可以成功。

关于思维模式的更多知识

德韦克列举了五种情形用以说明思维模式所产生的巨大差异：挑战、挫折、努力、批评和他人的成功。[7] 她观察了在以上几个体验中人们的举动，并得出结论说，人们在应对某个特定情形时采用固定型思维还是成长型思维所导致的结果具有巨大的差异。

持有固定型思维的人往往表现得精明能干，避免尴尬或失败，而具有成长型思维的人则希望获得成长和发展，不在意是否可能失败。下面我们来看一些德韦克区分的五种情形中，固定型思维和成长型思维的人所作出的典型反应。

情形	固定型思维	成长型思维
挑战	避免挑战，以保持自己聪明和能干的形象。	迎接挑战，展示出学习和成长的渴望。
挫折	面对困难和挫折时，固定型思维最常见的反应是选择放弃。	面对困难和挫折时，成长型思维最常见的反应是表现出勇气和韧性。
努力	努力投入更多被视为是负面的品质，因为如果你擅长就不需要太努力。	投入更多、更加努力是在为通往成功铺垫道路。
批评	负面反馈，不管多么具有建设性，都会被忽视，因为负面反馈往往被视为对个人的攻击。	批评不是个人攻击，提供重要的反馈是帮助学习和成长的工具。
他人的成功	他人的成功被视为威胁，会导致不安全感和受攻击感。	他人的成功可以为自己提供灵感和教益。

校园里的思维模式

既然你已经明白了两种不同思维模式的差异，现在让我们一起看看它们是如何在校园里或者课堂上展示出来的。下面，你会看到在几个假定的例子中，具有固定型思维和成长型思维的教师具有不同的自我对话，注意他们在相同情形中所表现出来的不同观点。

固定型思维	成长型思维
管理人员给我的教学评价很差,他根本就不知道我整天在课堂里干什么,他只是讨厌我而已。	我需要专注我教学评价中存在问题、需要改进的部分,也许管理人员可以给我提供能帮助我改进的相关资源。
梅根的数学很差,她就是不擅长数学。	我如何才能让梅根弄懂教学材料,用让她能懂的方式教她数学?
杰伊可以完成这个任务,但他不做,他就是懒惰。	我知道杰伊能完成这个工作,但他没有去做,我要重新检查我的方法,想办法让他行动起来。
琼斯先生能获得所有的教学奖励和称赞是因为他是个彻头彻尾阿谀奉承、沽名钓誉之人。	琼斯先生在教学方面得到肯定,我应该要多多观察,看看能否将他的策略用于自己的教学实践。
学生把这堂课给毁了,他们拒绝配合。	学生在这堂课上不在状态,我如何才能让他们更好地参与进来?
这个班有好些坏孩子,我曾听说他们根本就没法教。	我会顾及这个班里的每个学生,所有的学生都是可教的,关键是能否找到正确的方法。
达拉的父母很明显不重视教育,在这样的家庭里,达拉绝不可能有什么成就。	我相信达拉的父母希望给孩子最好的教育,我怎么才能帮助他们找到合适的方法积极支持达拉呢?
卡尔的态度很差,已经完全没救了,几乎没有机会毕业了。	我应该要卡尔写下未来的目标,并帮助他看到他的选择会产生什么不同的结果。
学生这次测试成绩很差,很明显他们根本没听课。	学生这次测试成绩很差,很明显我要用他们能懂的方式再教一次。

希望你已经看到了一个规律。固定型思维的教师会将自己遭遇的情形看作一成不变，不理想的情形则要么被看成是个人攻击，要么归咎于某个人的过错。现在将之与成长型思维教师的自我对话并排放置，可以看出，成长型思维教师会用完全不同的观点去看待这些相同的情形。固定型思维的教师很快就选择放弃，将责任归结于其他因素。相比而言，成长型思维的教师则试图弄明白问题，并找到解决的办法。一堂课或者一个任务没有完成好，固定型思维的教师会寻找谴责的对象，而成长型思维的教师则忙于回顾问题，没有时间指指点点。当管理人员对教学模式提出建设性意见时，固定型思维的教师将之视为对个人的批评，或者完全歪曲这种建议，而成长型思维的教师则重视反馈，即使是批评性的反馈，并将这种反馈看成教学的重要组成部分，为改进教学铺垫道路。

花一周的时间检测你在课堂里表现出来的思维模式。听听你内心的独白和大声说出来的话语。你使用成长型思维模式的频率是多少？什么会激发你的固定型思维？尤其注意你思维模式浮现的方式和时间。很好地了解你自己的思维模式对于你教授他人思维模式的成败至关重要。当你的学生有一个有力的角色模仿对象时，他们将更可能展示出成长型思维的特征。

当心假性成长型思维

德韦克的著作出版并取得成功以后，她曾警告我们当心"假性成长型思维"。[8]随着她的思维模式理论的不断流行，她发现了一个令人震惊的倾向：对成长型思维概念和如何在青年人中培养这种思维的高度简化。她发现教师们表扬学生们的努力，即使这些努力并没有带来真正的收获。这种无用的表扬其实是与成长型思维相悖的,更像是对自尊的狂热追求,在德韦克看来,这与她所主张的思维运动是相矛盾的。

对努力的过分表扬存在问题,认为缺乏成长型思维是教育体制的问题则更有问题。举个例子说,在一个白人就读的大学中进行的一个调查发现,学生们认为其他肤色的同伴之所以不能成功是因为缺乏努力,这种短浅的视角没有把其他肤色学生所经历的各种教育不公考虑在内。这就说明有必要不把成长型思维看作是通往成功的万能钥匙,而是一种微妙的切入点。[9]

如果你看这本书的时候,认为成长型思维就是表扬孩子们的努力,或者成长型思维可以解决公共教育中的一切问题,你很可能会失望。虽然德韦克的理论简单易懂,在所有时候,或者绝大部分时候实践成长型思维却对任何人,包括我们在内,都不容易。激发学生改变思维模式?这是一项艰巨的任务。即使孩子们有些时候确实展示出了成长型思维,要在学校成功实践仍然有许多困难需要克服,尤其是对于那些一度被不公平对待或者遭受歧视的学生来说,更是如此。德韦克也看到了另一种类型的"假性成长型思维",有些人宣称自己永久地拥有无可挑剔的成长型思维,这是不可能的。

我们都同时拥有成长型思维和固定型思维。老师们如果口头呼吁成长型思维,而教学实践中却推行固定型思维是相当有害的。最好向自己和学生们承认,所有人都拥有自己独特的成长型和固定型思维,他们会在不同的环境和情形中浮现出来。当碰到什么事情会激活你的固定型思维时,向自己和他人坦白说明,然后示范你如何在这种情形中继续开展工作。当你用思维模式帮助自身应对困难时,你就在向你的学生展示,你像他们一样有优点也有缺点。简单来说,你不能仅仅说说而已，而是要身体力行。宣称自己已经精通成长型思维犹如在说自己得到了一个不可能得到的东西。能够了解什么事情会激发你的固定型思维，尝试运用相应的策略处理棘手的情形才是成长型思维的真正标志。展示自己的优点，同时在暴露缺点时还能优雅前行，这样会给你的学生们树立很好的榜样，帮助他们理解在体验这个世界时，作为个体所展示出来的复杂性，并鼓励他们不论成功还是失败，都要保持优雅。

剧本上演

在这本书里，我们深入探讨了许多算不上与思维模式相关的概念和思想。但我们知道思维模式几乎上出现在我们生活中的每个层面。当我们在认知和非认知两个层面寻求自我发展或者培养我们的学生时，运用成长型思维这个工具是非常有用的。在这本书里，我们还将讨论在学校里碰到的那些棘手情形，以及如何利用成长型思维的原则和相关策略来成功地驾驭这些情形，并通过身体力行赋予学生、家长和同事以能量。我们将讨论的话题包括建立关系、应对惩罚、克服困难，挑战传统思维以及一系列学校日常事务，讨论运用成长型思维来应对这些情形会给所有人带来好处。每次你踏入教室，剧本都在上演。这是你的剧本指南，教练。现在，剧本开演。

第 1 章

做最好的自己

> 我不知道拐弯处是什么，但我相信一定是最好的东西。
> ——露西·莫德·蒙哥马利（Lucy Maud Montgomery）
> （《绿山墙的安妮》）

先讲讲不好的消息。是的，我们首先跟你讲不好的消息主要是因为在你想出办法解决问题之前，你得先知道问题在哪儿。所以，问题来了：许多孩子已经丧失希望。他们对自己失去了希望，对未来也失去了希望，他们对作为教师的你们也已经失去了希望。我们的工作是如何让他们重拾希望。我们知道这个挑战相当艰巨，而且这样做很有可能你获得的回报甚微。我们也知道你是为何当老师的，理由绝对不是为了钱（或者混个自助餐吃）。在你的内心深处，你相信人性的善。事实上，你准备奉献自己的一生来帮助人们成就最好的自己。我们知道有时这样做很难，我们容易深陷于官僚主义而忘却初衷是为了孩子。如果孩子们说他们已经没有了希望，我们的任务就是要帮助他们找回希望。如果有人能做到这一点，那一定是你。

失去希望

2015 年，盖洛普开展了一个年度学生民意调查，问及他们在学校遇到的各种问题，其中也包括了"希望指数"，就是通过对其中几个调查项目的回答，衡量美国学生教育经历中的非认知属性。结果让人堪忧。在 100 万 5~12 年级的学生中，只有 60% 的学生完全赞同"我有美好的前程"这一项。如果你觉得只有 40% 的学生相信自己有灿烂的未来已经很糟的话，打住，因为还有更糟的，仅 33% 的学生完全赞同"我有个能让我进步的导师"。[10] 怎么可能？被调查的美国学生中有 2/3 找不到一个成人鼓励他们成长？

对于我们这些研究思维模式的人来说，这些数字很不理想。许多学生离开学校之前就设想自己的未来不会成功。为什么呢？也许是只有极少数学生表示在自己的生活中拥有一个鼓励他们、帮助他们的成年人。

盖洛普调查中还有另外两个结果：仅半数的学生完全赞同"我可以想出许多拿到高分的办法"这一项；仅 35% 的学生完全认同"我可以找到许多办法解决问题"这一项。所以让我们回顾一下：学生们不仅说他们找不到成年人来鼓励、指导他们，他们也不相信他们有潜能取得未来的成功；而绝大部分人承认自己不相信自己有能力考得高分和解决问题。这组数字让人匪夷所思，因为我们都知道这个国家的老师们每天都在学校投入自己的一切来培养和教育孩子们，赋予他们力量。我们也知道我们的课堂里充满了好奇又能干的学生，他们潜力无穷。那么，到底是哪里出了问题？

一种观点认为这群无望的学生们展示的是固定型思维。如果学生被这种先入为主的看法所主导，认为他们自己考不了高分，解决不了问题，没有人会真正在意，在未来即使不能成功也不是什么大不了的问题，他们实际是用这种方法让自己与未来可能遭受的挫折和失败隔开来。这是固定型思维的典型标志。固定型思维的人强迫自己相信自己的选择很有限，自己的缺点是与生俱来、先天决定的。

"你们当中的一些人也许没有以下这些有利条件。"美国前总统巴拉克·奥巴马在弗吉尼亚阿灵顿的韦克菲尔德高中作演讲时曾这样说，"可能生活中没有一个成年人能为你提供你所需要的帮助；可能你的某位家人刚好丢了工作，然后钱不够花了；可能你生活的街区让你感觉不到安全；或者你的朋友强迫你做些你明明知道是错误的事情。说到底，你的生活环境，你的肤色，你的出生地，你拥有的钱财，你家里的境况……这都不是放弃努力的理由。你目前的状况并不能决定你的未来，没有人为你书写命运，这里是美国，命运由你自己掌控，你可以自己创造未来。"[11]

相信自己有潜力，对未来充满信心需要勇气，需要成长型思维。保持成长型思维不容易，尤其是在当今学生每天面临的困难环境中更为不易。保持成长型思维意味着面对挑战敢迎难而上，面对困境不屈不挠，还有坚定不移地相信我们可以成功。

成长型思维的要素

对成长型思维的研究表明，教导思维模式会产生巨大的作用，尤其对于那些感觉无望的学生。一旦人们懂得通过专注的练习、辛勤的工作和努力可以构筑自己的未来时，他们就可以改变游戏规则。德韦克经常讲述这样一个故事，就是她教导一群年幼的学生，他们有能力通过练习和努力让自己的大脑获得成长，她回忆说，"有个男孩举起手问道：你是说，我不用再做笨蛋了吗？"[12]

教会孩子们成长型思维模式不仅被证明能提高学业成绩，拥有成长型思维的学生也会感觉学校不再那么恐怖，而是一个可以让人学习和成长、让人兴奋的地方。除此以外，当教师能示范成长型思维，提供思维模式的明确指示，说明大脑如何随着时间得以发展和改变时，学生的收获也会增多。[13]

德韦克的研究表明，当学生们采用了成长型思维时，他们取得的成绩和学习动机都会上升。2014年，德韦克和她的同事们在智利开展的一项研究显示，具有牢固成长型思维的学生，不论其社会经济地位如何，都比具有牢固固定型思维的学生学业成绩要好；家庭收入较低、具有成长型思维的学生所取得的学业成绩高于家境优越、具有固定型思维的学生。[14] 这就表明，通过成长型思维的培养是可以缩小成绩差距的。

学生的思维深受他们所处环境的影响。一个具有成长型思维的教师可以走得更远，向学生示范思维模式，帮助他们理解他们的智慧、技能和能力不是固定的，通过努力和坚持，他们可以在任何领域取得重大进展。正如德韦克所说，当学生的固定型思维转换成了成长型思维，学生的成绩就会得到提升；展示出成长型思维的学生要表现得比具备固定型思维的同学优秀。

看起来好像很多学校都知道发展思维模式有助于学生成绩的提高。由《教育周刊》研究中心在中小学教师中开展的一项全美范围的调查研究表明，超过一半的教师表示曾接受过成长型思维的正式训练，并努力将思维模式放进自己的课堂。如果应用得当，培养成长型学习环境可以让学生有效地参与挑战性任务，从失败中站起来，并在教育的所有领域实现他们成功的潜能。不幸的是，有些研究表明，许多尝试将成长型思维搬进课堂的教师可能在操作过程中存在"严重的误解"，从而导致成功率惊人的低。[15]

平庸的结果

研究者约翰·哈蒂（John Hattie）根据他所收集的数据衡量到底思维干预能在多大程度上影响学生的成绩，他的分析显示，教授成长型思维和固定型思维收效甚微，这与卡罗尔·德韦克的研究结果恰好相反。换句话说，思维干预的结果非常平庸。这又是怎么回事呢？德韦克和她的同事有大量的数据证明成长型思维干预的积极作用。所有的数据都表明在课堂上引入成长型思维可以在学生身上产生积极的作用。这位教育研究先驱之一却告诉我们课堂里呈现出来的数据与德韦克的研究结果存在差异。

彼得·德威特（Peter DeWitt）是哈蒂的一个同事，他在《教育周刊》中写道，哈蒂基于自己的元分析，断定思维模式干预的作用甚微不是因为学生的思维模式，而是课堂的思维模式问题。这就对了。如果教师自己是固定型思维，要教授成长型思维是不会产生任何作用的。教师们似乎并没有把精力放在该放的地方。他们是在教授成长型思维而不是在展览这种思维。哈蒂说，那些既教成长型思维又身体力行进行示范的教师，效果就要明显得多。德威特指出几个因素可能导致固定型思维被传递给学生，比如过度测试、能力分组和没必要的干预服务。

德威特写道："我们不是在作预测，不应该因为他们现在有困难，就要像他们一辈子都有困难似的对待他们。这就好像一个自我实现的预言。"[16]

哈蒂认为，虽然思维模式干预有产生较大作用的潜力，但只要教师持有固定型思维，这种潜力就不会实现。想想每次飞机起飞前乘务人员介绍如何操作逃生工具的熟悉场景：你必须首先自己戴好氧气罩，然后才能帮助他人。如果教师自己没有真正接受成长型思维模式，他们会持续不断地向课堂里的学生们传达固定型思维的信息，不管自觉或者不自觉，这对谁都没有好处。

什么最重要

莫特霍尔中学的校长纳迪亚·洛佩斯（Nadia Lopez）在她的《通往辉煌的桥梁》(*The Bridge to Brilliance*)一书中用一则轶事阐述了哈蒂的观点。在一次教师会议上，她要求老师们描述一个在学校表现不好的学生。在老师们共同完成的评价列表上，写的都是诸如"写字慢""从来不能准时完成作业""没有学习动力""容易走神"这样的字眼，总共有21条，都是负面的评价。

然后洛佩斯又要求两位辅导员来描述他们眼中的同一个学生。两位辅导员完成的评价列表上，写的却是诸如"关心他人""乐于助人""热爱志愿活动""书写整洁"的话，总共有12条，都是正面的评价。怎么解释两张评价表的差异？洛佩斯认为，传统教育体制迫使教师们将焦点放在课业学习而不是孩子整体的发展上。辅导员们的重心却在帮助孩子。[17]体制的设立方式让教师把孩子的缺点放大成了等待改正的问题，而辅导员们则更关注孩子的优点，帮助他利用自己最好的一面完成任务。

有些时候教师们在教学过程中被蒙蔽了眼睛，只看到课程、测试和成绩，而忘了关注最重要的对象：学生。一个成长型思维模式的教师必须要真实地评估学生的优缺点。可能这就是为什么哈蒂的研究中反映的效果要比预料的差。如果教师不能真实地展示成长型思维模式，他们不可能有效地将之传达给学生。记住，你如果想帮助别人戴好氧气罩，首先自己要会戴。

你的思维模式

在前言部分，你已经做了一个思维模式测试，很可能你同时拥有成长型和固定型两种模式。你可能已经发现了一些思维模式的触发机制，比如对付一个尖刻的同事或者应付为期一周的评估测试，都会让你回到固定型思维的模式。你能意识到这些触发机制，这很重要。想想你在学校里典型的一天。什么引发了你的成长型思维模式？也许是一个学生取得的重大进步，或者是领导批复了你去开会的请求。那又是什么引发了你的固定型思维模式？也许是你精心准备的一堂课没能达到期望的效果，或者是某个同事对你的教学提出批评意见。当你知道什么触发了你的成长型思维时，你就可以寻找机会或采取措施武装自己。同样重要的是，了解你的固定思维模式触发机制可以帮助自己提前计划，并想出策略来管理自己的思维，或者可能的话，消除这些触发机制，让它们不要出现。

触发我成长型思维的事情有：

1. --
2. --
3. --

触发我固定型思维的事情有：

1. _____
2. _____
3. _____

当你开始了解自己的触发机制或者激励因子时，你可以分享给你的学生，然后让他们写出自己的触发机制或者激励因子。以下微课可以教会学生识别触发固定型思维的情形，以及如何采取措施，以积极的方式来应对这些情形。

应对固定型思维的触发机制
小课堂

▶▶▶ **学习目标**

这堂课结束时学生将能够：

- 识别自己的固定型思维触发机制
- 制定成长型自我对话或者策略来应对

▶▶▶ **资源与材料**

- 便条卡片
- 铅笔

▶▶▶ **方法**

提示：你可以首先分享你个人的固定型思维触发机制以及你采取的策略来改变你的自我对话，也可以分享你在培养成长型思维过程中遇到的任何障碍。学生需要在开始本课之前基本了解思维模式以及思维模式如何影响他们的学习。

首先,把你准备好的写有固定型思维和成长型思维陈述的卡片发给每个学生。用成长型思维和固定型思维陈述创建一个班级 T 形图。要求学生将他们的卡片归纳到固定型思维或者成长型思维列表当中。给学生提供机会,让他们与同学分享和整理自己的想法。

制作卡片时,你可以采用以下的陈述,或者创作你自己的陈述。

固定型思维	成长型思维
当我需要帮助或者在班上被点到名时,我会焦虑,感觉别人会认为我不聪明。	我的问题很可能别人也有,我最好问一问,这样我就能更好地理解自己正在学习的东西。
老师给我的课堂陈述打了很低的分,我知道自己没有创造性,做不好这个事情。我怎么修改也获得不了更高的分数。	我得到的分数没有我想要的高,我将再作修改,并寻求老师的帮助。
我很努力地在音乐剧中扮演我的角色,但就是演不了,我知道自己不应该尝试,我根本就没有站在舞台上的才华。	我很努力地在音乐剧中扮演我的角色,我演得很吃力,我想我应该试试别的方法,比如录制一个音频,这样我就可以通过听而不仅仅是读来熟悉角色。
在一英里的赛跑中,我跑在最后,我就不是个运动员,也绝对达不到自己的目标。	今天一英里的赛跑中,我跑在最后,但我没有走路,而且超过个人最好成绩 2 分钟。

现在叫学生思考自己的固定型思维触发机制，鼓励学生匿名将这些情形写在记录卡片上，然后收集所有的卡片，全部打乱后，再次发给班上的学生。将学生分成两人或三人组，让他们一起讨论所持卡片上固定型思维触发情形的应对策略，要求他们从成长型思维的角度思考，并将解决的建议写在卡片上。

展开集体讨论，请学生分析持有固定型思维的人关注的要点在哪儿，他们对新的学习、挑战、错误、努力或奋斗如何作出回应。

评论学生们给出的想法和策略，允许学生找到自己写的卡片，并思考同学给出的回应策略。反思性的练习可以促成深度学习和交流，鼓励学生思考当他们面对固定型思维触发情形时他们将怎样去做。

反思性练习包括：

- 写日志或者博客来记录应对固定型自我对话的策略；
- 留意与同学交流时产生的互相理解或者顿悟的时刻；
- 将自己的思维模式以素描或速写的方式记录下来；
- 画一组连环画来阐述改变思维模式的步骤。

▶▶▶ 检查理解情况

- 检查学生的反思，看他们是否已经明白，同样的情形，运用固定型思维和成长型思维会产生不同的结果。
- 拓展课程，帮助学生确定目标，辨别潜在的困难，列出他们面对固定思维触发情形时，进行成长型思维训练的步骤。

不仅是表达赞扬

在《大西洋》(The Atlantic)月刊的一次采访中,[18]卡罗尔·德韦克表示担心,现在许多教师误解了成长型思维模式,过度简化了这个概念。那些认为自己在践行成长型思维的老师,仅仅是表扬学生们的努力,其实这种努力并没有产生任何成果。(比如,"哇!为了这个测试,你真的很努力哦,你只是没及格。")德韦克说,在这种情况下,表扬就不再是针对所取得的进步,而仅仅是个"安慰奖"。她提醒教师注意,培养成长型思维很大程度上是为了提升自尊,因此成长型思维应该专门针对因为学生的努力而取得的进步。如果没有任何进步,老师和学生的对话就应该集中在如何重新调整上。

要培养成长型思维,除了表扬付出的努力之外,还有很多事要做。如果教师希望将思维模式介入所取得的效果最大化,他们每天都必须在课堂上努力展示成长型思维,自己在两种思维之间挣扎时,坦诚面对,并如实告诉自己的学生。为此,我们制定了一张清单,陈述成长型思维的教师应该具备哪些特征。

平等与公正	理解平等与公正的差异,努力将学习机会或学习资源公平地分配给每个学生。
行动导向	鼓励学生自己解决问题,注重问问题,教策略,提供帮助,以促进学生们自己解决问题。
灵活性	了解不同的需求,不提倡如固定分组等有害的教育实践。
高期望	对每个学生都要有很好的期望,通过肢体语言、言语交流、积极强化和建设性反馈来展示这种期望。
交际性	为学生提过大量过程导向的反馈,让学生问答问题时舒适自在。

（续表）

建立稳固的师生关系	向学生表达关心和爱护，了解学生的生活、兴趣和激情。
过程导向	了解学习重过程、轻结果的特点，对过程提出表扬或者批评，而不是针对人。
珍惜错误	把错误看成很平常的事，帮助学生将错误看成学习的机会。
共情	尝试从学生的角度来理解、看待挑战和困难。
积极的依赖关系	形成一种既有个人成绩又有集体目标的学习氛围。

支点

　　古希腊数学家阿基米德在讨论杠杆问题时曾说过，"给我一个支点，我可以撬动地球"，这也可以从另外一个角度来解释。当学生感觉到不安全、没有存在感或者无足轻重的时候，他们是不会尝试冒险的，不会走出舒适区，也不会获得他们本可以取得的成功。不安全的环境会滋生固定型思维。成长型思维的教师会给学生提供一个可靠的支点，给学生创造安全、有保障的环境，支持学生不受制于担忧或外人的评判，从而使学生的成长型思维得以活跃和发展。

　　同样，如果老师觉得没有勇气在学校里尝试冒险，他们也会产生固定型思维。我们知道拥有成长型思维的教师对学生的生活会产生巨大影响。我们通常引用《终身成长：重新定义成功的思维模式》里关于教师职业发展的一段话来解释我们根本预测不了学生的潜能这一事实：

　　"一个人真正的潜能是未知的（也是未可知的）；……很难预测多年的激情、劳作和训练会带来什么成就；……"[19]

而这种无限的潜能不仅适用于学生,也同样适用于老师。教师对学生的影响有一种涟漪效应,这种效应的结果未知而且也是不可知的。我们现在帮助学生养成的行为习惯会对他们今后的生活产生或好或坏的巨大影响。我们不能精确地预测我们今天所为会如何在将来影响我们的学生。我们不知道学生将来许多年里能记住哪一堂课、哪次互动、哪个建议。但研究确实告诉我们,拥有成长型思维的教师可以帮助学生培养韧性,磨炼解决问题的技能,提升学业成绩。所以,发展教师的成长型思维看起来是将学生的无助感转变成无限可能性的理想切入点。

以下策略你可以直接用于教学实践,将成长型思维原则纳入到你的课堂:

- **运用过程奖励来应对学生的错误**。给学生精确的反馈和批评意见,说明他们做错了什么,要求他们写出改进措施。绝对不因为一个练习没做好而给学生定性——专注过程而不是人。
- **少打分,多交流**。不是每个作业都需要分数。不在每次的作业上方用红笔打上一个等级、百分比或者分数,而是在作业的明显位置写上有见地的话语或者有用的反馈。让学生习惯为完成学习目标而努力,而不是为分数而学习。
- **把错误标注出来**。创建一个"不理想试卷"布告栏,这些试卷中包含的错误反映了重要的学习过程。通过告诉学生错误是学习过程中的一部分,让他们以平常心对待错误。帮助他们分析错误,然后研究有效的应对方法。

- **大声朗读。** 找一本很棒的展示成长型思维的儿童读物，然后把它读给学生们听。我们喜欢读的图画书有《点》(*The Dot*)、《最伟大的错误》(*The Most Magnificent Mistake*)、《罗西想当发明家》(*Rosie Revere, Engineer*)，还有很多同类的书。寻找其他展示成长型思维的媒体（书籍、视频剪辑、歌曲、诗歌等），向学生展示，并进行讨论。（请参看本章末尾的列表。）
- **示范成长型思维导向的自我对话。** 不要害怕与学生分享你的错误。大声说出你的思考过程。你越是向学生示范你的成长型思维，你就越有可能让你的学生把它作为他们自我对话的一部分。
- **谈论大脑构造。** 一些学生需要确凿的证据证明这些东西真的有用。深入研究成长型思维背后的神经科学。开展相关课程和活动来教学生认识大脑的学习和发展机制。（更多内容见第3章，或查阅《成长型思维训练》第3章的教学计划，让学生了解他们的大脑是如何进行学习的。）

小结：你明白了！

我们知道这一章有点令人沮丧。孩子们失去了希望，他们报告说他们对自己的未来感到不确定和沮丧，而持有固定型思维的教师认为成长型思维没有用。但有个好消息：你。你在这里，你已经准备好学习，你想要变得更好，这才是最重要的。你可以每天练习，来改善你的成长型思维，帮助培养学生的思维能力。你不需要一天就做好。

还记得关于乌鸦喝水的寓言吗？一只乌鸦口渴得快要死

了，什么喝的也找不到。情况很糟糕。最后，乌鸦看到了一个装水的罐子，终于有救了。但是，当它走近水罐时，却发现只剩下一点点水，而它又不能把嘴伸到罐底去喝。于是，它开始往水罐里扔小石子。一个接一个，直到水慢慢上升。最后，乌鸦终于喝到了水。不管你的情况如何，你都能找到办法来慢慢改善。总是会有希望的。做一只乌鸦吧。每天在课堂上投入一点同情、理解、怜悯和勇气的石子，然后看着你的学生逐渐迈入正轨。

值得一读的成长型思维和励志读本列表

《水中仙》(Making a Splash)，作者：卡罗尔·莱利（Carol E. Reiley）

《罗西相当发明家》(Rosie Revere, Engineer)，作者：安德里亚·贝蒂（Andrea Beaty）

《奇迹》(Wonder)，作者：R.J. 帕拉西奥（R.J. Palacio）

《点》(The Dot)，作者：皮得·雷诺兹（Peter H. Reynolds）

《人人都能学骑自行车》(Everyone Can Learn to Ride a Bicycle)，作者：克里斯·拉施卡（Chris Raschka）

《以马内利的梦想》(Emmanuel's Dream)，作者：劳里·安·汤普森（Laurie Ann Thompson）

《鼓梦女孩：一个女孩的勇气如何改变了音乐》(Drum Dream Girl: How One Girl's Courage Changed Music)，作者：玛格丽特·恩格尔（Margarita Engle）、拉斐尔·洛佩斯（Rafael López）

《娜迪亚：那个不能坐着不动的女孩》(Nadia: The Girl

Who Couldn't Sit Still），作者：卡琳·格雷（Karlin Gray）

《最后完成任务的那个：数学课上最聪明男孩的故事》（*Last to Finish：A Story About the Smartest Boy in Math Class*，寻常天才历险记（The Adventures of Everyday Geniuses）系列，作者：芭芭拉·阿山姆（Barbara Esham）

《了不起的杰作》（*The Most Magnificent Thing*），作者：阿什利·斯拜尔（Ashley Spires）

《别有洞天》（*Holes*），作者：路易斯·萨奇尔（Louis Sachar）

《手斧男孩》（*Hatchet*），作者：盖瑞·柏森（Gary Paulsen）

《沉还是游》（*Sink or Swim*），作者：瓦莱丽·库尔曼（Valerie Coulman）

《卡住了》（*Stuck*），作者：奥利弗·杰弗森（Oliver Jeffers）

《树上的鱼》（*Fish in a Tree*），作者：琳达·莫纳利·洪特（Lynda Mullaly Hunt）

《飞行学校》（*Flight School*），作者：丽塔·贾琦（Lita Judge）

第 2 章

建立积极的关系

> 我知道人们会忘掉你说过的话,你做过的事,但他们永远忘不了你带给他们的感受。
>
> ——玛娅·安杰卢(Maya Angelou)

有一件真正的、影响深远的、非常棒的事情,关乎每一个走进你教室的学生。有时候我们看不到它;其他时候,它潜藏在那里,但它会如同灯塔放射光芒;很多时候我们看到了,但很难说服我们的学生,它就在那里。我们的部分工作就是把那种令人惊叹的、独一无二的特质从每个学生身上挖掘出来,帮助他们发现自己无限的潜力、成长的能力,以及他们内心所拥有的完成不可思议的事情的能量。但麻烦就在于:除非学生有理由相信你,否则,让他们相信自己具备成就伟大的潜能就不可能。学生们没有任何理由相信你,除非你已经向他们证明了你提供的信息是可信和可靠的。想想你更相信什么样的人:是一个除了你上次的考试分数对你的其他事情几乎一无所知的陌生人,还是一个曾经投入时间、精力来了解你,了解你的过去，了解你的兴趣爱好的人？建立深远而富于意义的关系是让学生承认自己潜能的关键。你可能更容易看到自己身上的潜质，当别人在你身上看到它们的时候，玛娅·安杰卢的话适用于学生，也同样适用于所有其他人：学生们会忘掉你说过的话，你做过的事，但他们永远忘不了你带给他们的感受。因此，为何不让他们感觉自己不可阻挡呢？

让我们握手

2017年初，有一个视频像病毒一样在互联网上疯传。视频显示，来自北卡罗来纳州夏洛特市的一名5年级的教师巴里·怀特与他的学生一起开展了一个别开生面的清晨互动。在这个特殊的活动中，他和自己的每个学生用各种复杂的方式握手问好。一大早，孩子们在教室门口排成一排，走到怀特先生跟前，用自己设计的方式与怀特先生握手。

怀特先生与每个学生一一握手，握手的方式都经过精心设计，有的碰拳，有的击掌，有的扭腰摆臀，有的轻拍，有的敬礼。好看极了。你看得出孩子们在走进怀特先生，靠近教室的门口时，都激情高涨。

"最关键的部分是关系，你与学生建立的关系，因为有时它可能被低估或忽视，"怀特告诉当地的广播公司说，"作为老师，在我向他们灌输思想之前，他们必须信任我。"[20]

研究支持怀特的观点，即发展人际关系是学习重要的第一步。一项研究表明，早期与教师的积极关系会反映在后来的学业成绩中。同样，早期消极的师生关系也是预测未来消极结果的因素之一。一项研究对179名学生从幼儿园到8年级进行了跟踪调查。幼儿园教师们被要求为他们与学生的关系的质量来评分。研究人员在跟踪了学生们从 1 年级到 8 年级的标准化测试分数、学习等级以及学科记录后发现，幼儿园师生关系不好的学生到 8 年级时学习成绩较差，学生不好的行为也会持续。与既有不良行为、师生关系又不好的学生比较，师生关系好的学生则不太可能继续保持不佳的行为表现。[21]

教育专家丽塔·皮尔森（Rita Pierson）概括得最好："每个孩子都值得拥有一个冠军，一个懂得交流的力量，坚信孩子可以变成那个最好的自己的成年人永远都不会放弃他们。"[22]

当老师们接受像怀特和皮尔森这样的教育专家的建议时，他们就会为学生以后的成功做好准备。但是如果这种关系不那么容易建立该怎么办呢？

与困难学生建立关系

谢恩是劳拉第一个，也许是最难忘的困难学生。他在课堂上打断老师说话，讲课过程中不停地和别人说话，几乎不做作业。他无礼、粗暴，对学习完全没有兴趣。劳拉很恼火，从入学第一天开始，谢恩就非常难缠，这让她头疼不已。谢恩几乎每堂课都是这样，劳拉对他的愤怒几乎就写在脸上。想想他捣乱或者不敬的样子，即使谢恩还没有做错任何事，她就想给他一耳光，让他一个人待着，或者让他站在教室前面，告诉他她会看着他，他最好表现好点。

劳拉采取的平息谢恩行为的措施越多，谢恩的行为越具有破坏性。有一天，劳拉在休息室里向其他老师抱怨谢恩，有个老师似乎对谢恩的所作所为感到很惊讶。这个老师告诉劳拉："在我课堂上，他总是很认真，很奇怪他在你面前会是这样。"

劳拉愣住了，她原以为所有的老师都和她一样，体会过谢恩多么难以对付，并且应该都会对他课堂上吊儿郎当的态度表示怜悯。可情况根本不是这样。事实上，当劳拉更多地了解了谢恩在其他课堂上的表现后，她反而感到的是困惑：谢恩的足球教练表扬他说，他练习很刻苦；戏剧课老师说他可是班上的主角。接着他的数学老师说："也许是因为家庭变故导致他行为异常吧？父母离异让他很难接受，所以我最近试着多关心他一点。"

什么？劳拉从来不曾想过要了解学生课堂之外的经历。从其他老师那里越多了解到谢恩的情况，她越意识到自己该如何解决碰到的问题。谢恩之所以对她不敬，是因为她没有赢得他的信任。接下来的周一，劳拉走到谢恩跟前对他说："听说周五晚上你有一场足球比赛，加油！"谢恩表示感谢，然后走到自己的座位上。接下来，在学习一篇有关莎士比亚的课文时，劳拉说："谢恩，你在上戏剧课，对吗？你最想扮演莎士比亚剧本中的哪个角色？"他听到这个问题时显得很惊讶，但很快作了答复。那天，谢恩没有制造任何麻烦。是因为谢恩的行为得到改善了吗？还是因为劳拉忽视了问题的存在？

劳拉那个星期决意对谢恩的课堂表现不作任何预判，并在每节课上给谢恩一个个人评价。慢慢地，但毫无疑问地，她的计划开始起作用了。劳拉对谢恩越了解，谢恩在课堂上的学习态度就越积极。到了年底，劳拉已经能很诚实地说谢恩是她最喜爱的学生之一。他是不是还时常做错事？当然。他是不是还会不合作？有时也会。但她发现，努力从个人的层面去了解谢恩可以缩小自己与他的冲突。她也意识到，谢恩在课堂上的行为实际是他对付课外一些事情的方式。如果她当初继续惩罚、报复和谴责的恶性循环，她敢肯定事情会变得更糟而不是更好。

与学生建立关系的一些想法

策略	具体作法
早晨签到	让学生围成一个圈坐好,给自己这一天的情况评分(5=很好,4=较好,3=好,2=不很好,1=很糟)。注意那些在一早上就给自己打很低分数的学生。提供写日记、画画或者一对一交谈的时间可以帮助学生转移一早就有的负面情绪。
"都是关于我"袋子	让学生在一个袋子里放上三五句描述自己的话,然后与同学分享,并讲述这句话的来龙去脉。记录学生分享了什么,并用心策划能凸显每个学生品性和兴趣的人际互动。
协议	与其制定一系列规则,强调什么事情不能做,不如考虑与学生合作协商出一些能保证你们共同完成任务的条例,这样可以创建成长型导向的学习环境。完善协议内容的过程可以帮助你跟学生定好基调,突出你在合作型课堂上的培养重点。(详见第8章)
问与答	向学生提问,注意他们的回应。可以设置成四角任务,学生回答完问题后回到教室里某个特定的角落,或者让学生与其他同学分享问题的答案。根据学生的回答,建立人际关系。
个性化	学生创建个性化的项目(比如姓名标签、诗歌、歌曲、时间表、清单或者贴画)来突出自己的兴趣、爱好、希望等。欣赏差异!了解我们都有缺陷和优点,这些特征构成完整的我们。
正面的信息	与学生分享个性化的正面信息,或者把要提的问题写在一张便利贴上面:昨晚的会面如何?昨天你处理分组活动的情形我很喜欢。对你在 ACT 上的表现你感觉如何?昨天课堂上你的问题非常棒。你真的让我们开动了脑筋。

为有问题的行为提供个性化解决方案

花时间与学生建立积极关系的一个好处是,当你与学生交谈出现困难的时候,或者面对学生的行为问题时,你们的交谈将更舒适,最终更有成效。基于相互尊重和理解的师生关系可以为迅速进入艰难的交流提供一个牢固的基础。教师有时关注破坏课堂的消极行为,如不停地讲话、不加思考地说话或者打断别人。觉得这些司空见惯的行为让人沮丧,这很好理解,因为它们会干扰学习目标的达成。但总是关注负面行为则会破坏教师的管理能力。将关注焦点放在积极而有意义的关系上可能帮助行为管理策略更受欢迎。

为此,我们建议你明确地把下一周课堂上你所看到的行为表现都记录下来,你可以借助如下的表格来收集数据。

我观察到的一种行为	对这种行为的一个反思性问题	一个解决这个问题的可能方案	致力于解决我分析出来的问题的一个想法

例如,当你注意到一种行为时,请在第一栏的标题"我观察到的一种行为"下记下它。把这个你正在考虑的行为发生的

日期和时间记录下来也会有所帮助。信息越多越好。花些时间思考一下你如何通过提问来给学生提供机会控制这种行为。你可能会问一些问题来找出自己引导学生时可能有的困难，或者考虑如何改变环境以促进更理想的行为（参见第二栏）。然后，用最后两栏对可能的解决策略以及结果进行头脑风暴。让我们看看约翰尼的例子。下面是观察到的一种行为：

- 约翰尼频繁地在上课期间打断老师。

不要直接终止约翰尼的行为或者用某种方式惩罚他，而是花点时间就他的行为提问。将这些问题写在第二栏。

- 为什么我在上课的时候约翰尼总打断我？
- 是不是可以改善一下我上课的环境来激发更恰当的行为？
- 我有没有什么合适的社交技巧教给约翰尼以让他在这方面所有成长？

在第三栏中，接着提供一些可能回答这些问题的方式。设定一些促进成长的干预措施可能能够改善该种行为。

- 约翰尼不懂得什么时间该说话。
- 约翰尼不明白基本的社交技能。
- 约翰尼需要个性化的帮助。
- 约翰尼不熟悉课堂规则。
- 约翰尼想更好地掌控自己的学习环境。
- 约翰尼不懂别人被他打断的感受。
- 约翰尼缺乏成功所需要的技能。

在最后一栏中，你会想出一个解决问题的方案，并为约翰尼提供一个成长的机会。与其直接禁止约翰尼的行为，不如带着理解的心情对待他，一起协作来解决问题，共同制定策略，帮助约翰尼学习并表现出所期望的行为。

- 制作一张图表，说明适当和不适当的说话时间。
- 创作一个社交故事书或其他可视故事，以加强所需的社会行为。
- 用手势提醒约翰尼说话的时间。
- 尽可能频繁地提及你跟约翰尼在课堂上的协议。
- 给约翰尼更多机会让他控制自己的学习环境。让他说出自己的想法或者让他自己做选择可以帮助他感到更安全。
- 给他一个领导课堂的机会，这可能会让他感同身受，更好地理解倾听的重要性。
- 给约翰尼一个进行自我反省的机会；试着让他在具体的任务上给自己打分，比如他打断了多少次，他听得有多好，或者他问了多少个问题。

在练习结束时，你会更清楚地理解这个问题以及如何最好地将练习进行下去。以下是成果整体的样子：

我观察到的一种行为	对这种行为的一个反思性问题	一个解决这个问题的可能方案	致力于解决我分析出来的问题的一个想法
约翰尼打断课堂教学。	为什么我上课时约翰尼要不停地打断我？	约翰尼需要个性化帮助来让他专心听课。	我会和他一起寻找个性化帮助，让他知道什么时间他打断了教学，什么时间适合分享他的想法。

（续表）

我观察到的一种行为	对这种行为的一个反思性问题	一个解决这个问题的可能方案	致力于解决我分析出来的问题的一个想法
莎拉经常在课堂上睡觉。（周一是早上9:15，周二是早上8:20，周五是早上9:05）	为什么莎拉会在上课期间睡觉？	莎拉被从家里驱逐出来后，目前与一个没有监护权的成人生活，每天都穿着同一身脏衣服来学校，这种生活情况可能影响了她在学校的精力。	我会将观察到的情况汇报给领导，并与相关人员为莎拉上课睡觉制定一个计划。我也将找莎拉谈话，找到她有哪些基本的生活需求。

花时间规划一个成功的计划有助于为教师澄清情况，并让学生清楚地了解问题所在以及寻求改进的途径。当情况得到清楚的认识时，教师可以更好地找出导致该行为背后的原因，找出有哪些先入为主的观念或评判产生了影响。让学生参与进来，合作解决问题可以进一步有助于学生做出积极的改变，比较起来，自上而下制定规矩，往往不能取得积极的结果。

要好奇，不要愤怒

让我们回顾一下劳拉和谢恩的情况。谢恩在劳拉课堂上的表现不仅对他自己产生了负面影响，而且也对劳拉产生了负面影响。她忧虑自己与谢恩的关系，并发现自己做了一些她发誓永远不会做的事情：和其他老师说些对学生刻薄的话，对学生产生偏见，认为他没有希望，猛烈抨击学生。

劳拉可能是有意也可能是无意地给谢恩发出信号，传达她的不满和低期望。在年初我们还没有了解学生的时候，努力发展与学生的关系很容易。发展良好关系的可能性是乐观的。但是，当一年过半的时候，我们和同一个学生反复碰到同样的麻烦，这种关系让人产生了极度的挫折感时该怎么办？接下来可以做什么呢？

如果你一再发现自己与同一个学生产生摩擦，试着保持好奇心，而不是表现出愤怒。对于同样的学生行为，日复一日地感到沮丧并不会带来改变。如果劳拉试着对谢恩的行为感到好奇，而不只是愤怒，她可能会看到情况改善得更快。如果你很难和某个学生建立关系，首先，问自己一些你对学生态度的坦率问题。下面是一个反思性的提问练习，可以一试。

我对这个学生的真实感受是什么？	
上课期间我是不是将这种感受投射到了这个学生身上？	
我是不是用言语以外的方式暗示了我对他丧失希望，表示不关心？（翻白眼、假笑、叹气等）	
什么情形最容易触发负面的非言语交流？	
我是不是对学生的期望要高于他目前能达到的水平？	
我被这个学生激怒是不是因为我在其他地方受到挫折、刺激或者表现糟糕？	
我是不是只是揪着这个学生的负面行为不放，而原谅别人的类似行为？	
我能做点什么来减缓我对这个学生的失望之情？	
我是不是考虑到了导致该生课堂行为的所有因素？	
这个学生喜欢什么？我努力让他参与了吗？	

一旦你理解了自己对学生的感受和对学生的反应，你可能会惊讶地发现你也是问题的一部分。例如，如果一个学生经常在上课期间去上洗手间、去医务室或者办公室等，考虑一下，学生可能因为没有参与感，想找机会离开课堂。如果学生们随便讲话，想想你可能没有给他们足够的机会在课堂上发言。当然，你期望学生们遵守你定下的规则。但重要的是，你要充分评估这些规则是否符合实际而且是必要的。考虑以下情况，并想出学生要如何改进，教师又该如何改进。

情形	学生可以换种什么方式来做？	老师可以换种什么方式来做？
富兰克林女士要求试卷要用蓝笔或黑笔完成。瑞恩交的作业用了紫色笔。富兰克林女士给他记了零分。	瑞恩要努力遵守规则。	富兰克林女士可以更灵活，给学生更多选择机会。她可以叫瑞恩用蓝笔或者黑笔重做一遍交上来。她也可以思考一下这个规矩是不是有必要。
安娜忘了上体育课要穿统一的服装，体育老师詹姆士先生罚她整节课跑圈。	安娜可以想个办法提醒自己记得穿统一的服装上课。	詹姆士先生可以准备一些服装备用，或者允许学生穿便服，对学生偶尔的疏忽表示理解。如果有学生经常忘事，教师可以制定一个计划提升他们的责任意识。
泰纳被抓到抄班上一个同学的作业。戈麦斯女士给两个人的作业都记了零分，还记了一天留校察看。	泰纳可以向老师寻求帮助，在班上询问同学，参加辅导班，或者通过网上在线复习来掌握相关概念和技能。	戈麦斯女士可以在班上提供形成性评估，确保学生在课堂上听懂了，也明白家庭作业该怎么做。她可以叫泰纳和他的朋友重做一份作业，或者通过视频课程回顾学习过程。戈麦斯女士还可以帮助泰纳和他的朋友更多地了解同伴辅导的重要作用，以及相互帮助的有效方式。

（续表）

情形	学生可以换种什么方式来做？	老师可以换种什么方式来做？
扎拉在课堂上随便讲话，泰门女士减少了她的休息时间。这个星期她每节课都少了五分钟的休息时间。	扎拉可以把自己的想法写在一张便条上，在合适的时间再分享出来。	泰门女士可以预备一些时间让扎拉分享她的想法，或者给学生们提供与同伴交流学习的机会。泰门女士可以帮助扎拉树立目标、改善自己的行为表现。她可以谈到课堂上大家一致遵守的规矩或者分享一些特殊的方法给扎拉使用。泰门女士也可以考虑在扎拉说话时给予"通行证"，在使用策略取得效果时减少"通行证"。表扬扎拉有效把握说话时间也很重要，这可以帮助扎拉理解在班上什么时间合适发言。

当我们寻求走近学生的方法时，尤其是与那些能够触发我们固定型思维的学生建立联系时，我们也在帮助自己。但棘手的行为并不是唯一阻碍我们与学生建立高质量关系的因素。有时候，要专注课程教学或者没有时间去建立师生关系也会剥夺我们了解学生的机会。研究发现，这对老师来说也是有害的。

糟糕的师生关系也会影响老师

在 theconversation.com 的网页上有一篇关于教师流失率的文章，文中教师们表示，专注课业让他们经常感到匆匆忙忙、压力重重，因而没有时间去与学生建立有意义的关系。一位老师回忆说，有次上课时，她发现一个学生明显的心烦意乱，于是带着她来到走廊上，想了解出了什么问题。那个学生透露说她刚刚发现自己怀孕了，心里很忐忑。这时，恰巧学校领导走了过来,看到她在走廊上和学生谈话,后来领导建议她不要让其他学生无所事事。[23]

研究还表明,消极的师生互动可能是教育工作者工作压力的一个重要来源,与学生的积极关系却与之相反,可以缓解职业压力。[24] 当严格的规章制度和完成日常教学任务的压力使我们无法投入必要的时间来与学生建立人际关系时,我们能做些什么呢?以下的想法可供参考:

对话式日记	在你的课程安排中嵌入对话式日记用以建立关系。这是通过写作的方式在学生和教师间进行连续性的对话。这既可以训练学生的写作能力,还有助于与学生关系的建立。
苏格拉底式研讨	运用苏格拉底式研讨来让全班学生平等参与课堂讨论。通常在班级讨论中,会有一些学生占据主导地位。如果我们能给所有学生提供说话的机会,那么就能与那些有时在班上不受关注的学生进行有意义的互动。
2×10策略	2×10 策略即连续 10 天,每天花 2 分钟与某个学生交流。在他们上学前吃早餐的时候,放学后等公交的时候,或者休息、吃午餐、两节课之间,与他们见面。和学生谈论他或者她的兴趣(最喜欢的事物、上周末干了什么、爱好、课外活动等)。
参加活动	观察你的学生的校外活动。前往足球场,也到当地的戏剧或者音乐节去看看,志愿加入你的学生可能会参加的活动。
站到门口	站在门口与学生打招呼这一招真的很有效,可为一整天奠定基调。特别注意提到学生的一些细节:他们穿的衣服、新剪的头发、前一天晚上的球赛,等等。

你越努力与学生交谈，谈论他们的学习，或者你的工作，你们的关系就会变得越牢固。记住，与学生建立关系是双赢的。它会把学校经历变成是对学生和教师来说都更快乐和更令人满意的一种体验。

小结：投掷海星的人

在最近的一次会议上，我们听到一位名叫克莱尔的中学教师说："我每天都和100多名学生一起工作。我不可能和他们每个人都建立关系。"对此，我们说，试试再说。你可能不会成功地与每个学生建立深刻而有意义的人际关系，但在你努力实现这一点的过程中，你会对许多人产生影响。如果你曾经感觉不堪重负或者觉得你所做的一切都没有产生作用，只要记住这个故事：

有个人独自沿着海滩散步。他看见有一个年轻人在前面很远的地方以一种奇特的方式移动。因为好奇对方在干什么，为何移动的方式这么奇怪，于是他跑起来想赶上去。当他赶上那个人时，他意识到那个人是在把海星扔进大海。"你在干什么？"他问道。投掷海星的人回答说，他正把海星扔进海里，因为潮水正在退去，如果不把它们放回海里，它们就会死去。"你难道没意识到，"他说，"在这几英里长的海滩上有着成千上万的海星，你不可能动作那么快，拯救所有海星的？"年轻人捡起一只海星，把它扔进海里，说："我救了这个海星。"

用你拥有的去做你能做的，并继续寻找方法去做更多的事情。这是一种成长型思维方式，会产生比根本不尝试更好的效果。

第 3 章

头脑训练

能学得进去是一种天赋；能学好是一种技能；愿意学则是一种选择。

——布莱恩·赫伯特（Brian Herbert）

我们明白了。试图说服一些学生相信他们具有潜力几乎是不可能的。也许他们被其他老师贴上了"坏孩子"的标签；也许有个家人告诉他们，他们很愚蠢或没希望；或者他们的固定型思维使他们无法相信自己有能力实现伟大的事情。不管是什么原因，这些困难学生不会单看表面就认同思维模式的论点——他们想要证明。幸运的是，他们的头骨里有 3 磅的证据。是的，我们说的是大脑。神经科学家已经明确地得出结论，认为大脑是一个可塑性的器官，通过努力和专注的练习，它可以完成一些真正不可思议的事情。如果人们相信通过举重肌肉可以变得更加强壮有力，那么，他们可以相信，通过学习和艰苦的工作，大脑会变得更强大、更聪明。人类的大脑是一个复杂而奇妙的东西，帮助你的学生准确地理解大脑的各个组成部分是如何参与学习过程的,这将帮助他们相信他们的大脑和其他人一样有能力成长和改变。一旦孩子们明白了他们必须培养自己的大脑,那么"聪明"就变得不只是为一些人拥有的抽象品质了,而更多的是,任何人,只要愿意为之努力,都能取得的成果。

大脑如同肌肉可以成长

在我们的第一本书中,我们深入讨论了大脑是如何与肌肉相似的,因为它通过努力和训练可以随着时间的推移而变得更强大。成长型思维的科学基础就是:人类的大脑和塑料一样,是可以延展的。大脑的可塑性是神经科学家给大脑的能力赋予的术语,它可以随着时间的推移而不断变化。[25]

人类大脑中大约有 1000 亿个神经元。这些小细胞储存信息,并负责向全身的各个组织发送,也从它们那里接收信息。当我们学到新的东西时,我们的神经元就会通过神经通路发出信号来完成任务。你做的工作越多,信号通过通路的速度就越快。如果你长时间停止这个任务,神经元的移动就会变慢。想象一下你正在穿过森林。刚开始的时候,你好像哪儿都到不了。你必须铲除灌木丛,绕过障碍物,同时挪开树枝——进展很慢!但是,一路上铲除灌木,避开障碍,挪开树枝,你走得越多,你走得就越轻松。最终,你在这个地球上开出了一条没有障碍的路,非常好走。神经通路的发展也是如此。我们练习得越多,我们的神经元发射得就越快。科学家们喜欢说,"神经元相互激发,相互连接。"[26]当神经元路径被使用时,神经元运动就会变得更容易,而曾经缓慢的行动就会变得训练有素。

现在，假设我们的学生正在学习长除法。他们将利用他们的模式（他们已经知道的东西）以及新的信息来完成任务。首先，就像神经元缓慢地启动并开始寻找路径一样，他们的进展缓慢。当学生一遍又一遍地练习长除法的时候，参与这个过程的神经元就会更快地通过神经通路。突然之间，长除法变得不再是一种困难，而是一种技能。

多年来，科学家们一直认为大脑在童年时期是最具延展性的，但最近他们发现，大脑在我们的整个生命中都保持着延展性。我们学习新的技能可以一直学到老年时期。我们在一项任务上的工作越多，我们的大脑就会越好地完成这项任务。你知道"熟能生巧"这句老话吗？这可不仅仅是毫无意义的陈词滥调。回想一下上面提到的路——如果你几个月都不走这条路会怎么样？很可能，它会变得与从前一样。同样，如果学生长时间停止做长除法，想把它捡起来，他就可能会觉得有点艰难。这是因为神经元要重新熟悉这项任务。这里还有一句老话，"要么用，要么丢"，也同样适用于神经通路，停止使用就会开始退化。

这些适应能力是成长型思维理论的基础。学习新事物和加强神经间的联系在我们一生中都是可能的。作为老师，这就是为什么当学生说他们"不是学数学的料"或者"不擅长体育"时，我们不能直接认可的原因。当然，有些人生来似乎就表现出擅长唱歌、读书、运动，但是问问那些在他们的领域做到最顶尖的人，他们会告诉你，无论起点是什么，在任何领域中，要想精通，都需要艰苦的工作和训练。

成长型思维训练 2

我们不断变化的大脑
小课堂

>>> **学习目标**

这堂课结束时学生将能够:
- 定义大脑的可塑性
- 了解大脑在学习过程中扮演的角色

>>> **资源与材料**

- 纸
- 铅笔

>>> **方法**

提示:在介绍这一课之前,你可能首先要教授《成长型思维训练》第4章的部分内容。

首先,让学生拿出一张纸,在上面写上他们的名字。当学生写完自己的名字时,要求他们再写一遍,但这次用他们的另一只手写。现在,请他们把这张纸卷起来扔出去。然后,让他们拿起纸,用不常用的手再重复做一次。

继续要求他们轮流用左右手来完成任务。(例如,用纸巾擦鼻子,在黑板上写字,打开储物柜,翻开书本,等等。这是一个很好的让学生动起来的机会。)

在学生已经分别用左右手体验之后,让他们用便笺记录他们使用不常用的那只手完成任务时的感受(每个便笺写一个字),或用电子字云发生器。(见下一页的示例。)

头脑训练 / 第 3 章

> 笨手笨脚
> 很难
> 很难　不好办
> 　烦人　困难重重
> 太复杂　太难
> 　　　筋疲力尽
> 　　是个挑战

　　把所有的词放在一个地方,然后问学生:当你学到一些新东西的时候,你有没有经历过这些感觉?(让学生们分享他们在学校感到沮丧或者挑战的某次经历。)现在问:如果从现在开始你只能使用那只不常用的手,你认为会怎么样?(学生可能会回答:"你会更善于使用它。")

　　说:对!随着时间的推移你会进步!大脑改变、建立新联系、学习新事物的能力叫作大脑的可塑性。刚才,用你不常用的手做事你感觉(插入一些学生所说的感觉),但是如果你坚持下去,它会变得更容易,因为你的大脑会习惯这样做。人们过去认为大脑变化不大。但是科学家们已经发现,我们的大脑一直在变化。当你在某件事情上努力工作或努力练习时,你就会变得更好。你能想到些什么你不曾擅长做,但后来做得很好的事情吗?(学生可能的反应:拼写、骑自行车、踢足球等。)

　　说:没错。通过工作和努力,我们可以训练我们的大脑更好地做任何事情,包括学习学校里的数学课、科学课和阅读课。还记得我们说过"成长型思维"吗——相信只要努力工作,你就能在任何事情上取得进步?是我们的大脑让这一切成为现实的!当我们在学校开始学习一项新的技能、运动或概念时，我们的大脑马上就会开始工作，建立联系，找出我们正在做的新事情。下一次我们在课堂上做一些新的事情，比如学习数学概念，记住一个难拼写的单词，或者做一个科学实验，它让你感觉（插入做这些练习时的体会），记得这是你的大脑在运转。我们将会把这些体会贴到教室里。下一次，如果你感到受挫折或者不舒服（再次提到学生的体会），要记得，这些体会说明你的大脑在成长和改变。

▶▶▶ 检查理解情况

继续强化学习新概念有时会引起不适感的观点。抓住课堂上有困难的时刻，定期检查学生是否将这种不适与学习联系在一起。在课堂上，让学生们解释这些挫折和困难如何标志着他们大脑在成长。如果有必要的话，提醒他们大脑的可塑性。（教室里粘贴的单词云也可以作为提醒！）

有目的的练习

"妈妈，你知道他们是怎么说的？"马克自豪地对妈妈说，"熟能——"

"'熟能生巧'，我知道这句话。"马克的妈妈打断他说。

"不，妈妈，这不是老师教我的。"马克说，"老师说，'熟能至久。'"

大脑的可塑性——大脑随着时间变化的能力——是一个你可以教给学生的重要概念。它不仅是思维理论的基础，而且是鲜明的科学主张，能帮助那些对成长型思维持怀疑态度的人接受它。但是，除了教我们的学生大脑如何工作之外，我们还必须教他们具体的实践和方法来优化学习。正如年轻的马克向他母亲指出的那样，优化学习的一个理论就是"熟能至久"。

在《牢牢记住：成功学习的科学》(Make It Stick : The Science of Successful Learning)一书中，彼得·布朗（Peter Brown）与他的合著者、心理学家马克·麦克丹尼尔（Mark McDaniel）和亨利·罗迪格（Henry Roediger）告诉我们，我们想怎么玩，就必须怎么练习，因为我们会像练习的那样来玩。他们用明尼阿波利斯警察局的一则轶事来说明这一点：

> 明尼阿波利斯警察局进行了一次警官培训，其中两名警官一起练习解除罪犯的武装。两名警官分别扮演警察和罪犯，当枪对着警察时，警察会折断罪犯的手腕并夺走武器。在练习中，夺枪的警察在夺过枪支后会把枪交还给搭档，然后又一遍一遍继续练习。但是，在这种情况下，警官们并没有像他们希望在实战中所表现的那样去练习。当他们把这个动作运用到实战的时候，一个警官竟然在掰断对方手腕缴获武器后又把武器还给了罪犯，就像他以前在练习中反复做过的那样！幸运的是，警官和罪犯都被这一幕弄糊涂了，警官又设法把武器夺了回来。但很明显：训练需要改变，因为军官的大脑正像他以前练习过的那样运行。[27]

成长型思维不仅仅是努力工作，而是灵活而努力地工作。故事中的警官可能练习了一百次这个动作，但是他练习的方式并未能帮助其大脑了解如何应对不同的场景。我们不能指望我们的学生通过多读或者花更长时间复习学习指南而变得更好。我们必须提供有用的、证明有助于学习的提示和策略。如果学生们不知道他们最好的学习方式，那么再多的学习也不会让他们记住这些信息。所幸，对大脑如何更好地学习新信息已经有了许多的研究。让我们来看看一些实证的优化学习策略。对于学生来说，使用这些策略将有助于建立更强劲更持久的神经通路。

有助于学习新知识的策略

策略	描述
快速小测验	留出 3~5 分钟用来进行低难度小测验，这样可以给学生复习之前和新学的知识。（下一页有更多复习性练习。）测验不仅让学生识别新的知识，而且是在回顾老的知识。不要把测验变成分级的一个工具，要提供有效的反馈，并将之变成一个帮助学生学习和记住所学知识的一个机会。
分解式练习	可以把练习进行分解。通过每天提供几个问题的方式，将练习分解到几天当中，而不是一天完成一个很庞大的任务。这可以帮助学生养成逐步培养技能的习惯。
有价值的失败	提供具有挑战性的任务，这些任务不仅要求学生使用批判性思维，而且要付出努力才能更好地记忆。给学生提供巩固学习的机会。记住，有些失败可以帮助训练大脑学习和记忆信息。
3-2-1	让学生写下上一堂课学到的三件东西，两个有趣的事和一个关于所学内容的问题。
学习记录单	联系学生之前所学内容，让学生进行新的学习，或者让学习与学生的生活联系起来，可以通过请学生回答开放性问题、提出和解决问题、辨别误解、提问等方式。为学生提供规划好的或常规时间来思考和分享自己的想法。
利用科技	利用科技手段（如回复收集系统 Clickers，在线调查 Poll Everywhere，在线协作工具 Padlet，和移动技术 NearPod）或者制作索引卡片给学生在学习过程中提供复习和学习的机会。向学生提问题或者在学生中作调查，收集学生对学习的理解以及对信息的消化情况。提问，同时进行短时间交谈（搭档间短暂的交谈），让学生解释自己的思考模式、原理或者向同学提问。
构成性检查	问题回馈可以记录在白板上。（你也可以自己做一张过塑的记录表，学生可以用可擦的记号笔在上面反复填写答案。）让学生记录自己的答案，展示自己的作业。在教室里走动，检查学生的理解情况，提供有效的反馈。

策略聚焦
检索练习

研究表明，研究和实践中有一些行之有效的方法，可以大大增加信息保存的概率。我们必须教育学生，并非所有的学习方法都有相同的作用，帮助他们认识到，有计划地学习会增加收获。当然，对一个学生有效的方法可能对另一个学生不起作用，所以重要的是，学生要进行实验来找到适用于自己的方法。（在下一个关于元认知的章节中，我们将更多地讨论个人的学习风格。）其中一个学习方法叫作检索练习。

波亚·阿加瓦尔（Pooja Agarwal）是一位教授、认知科学家，也是"retrievalpractice.org"网站的创建者。[28]在网站上，阿加瓦尔详细介绍了为什么许多学生现在使用的学习方法不适用于他们，以及他们可以如何改变自己的学习习惯以便更好地记住所学信息。

阿加瓦尔认为，教师通常专注于通过讲述内容将信息输入学生的大脑，但通常不考虑学生以后如何将信息从大脑里提取出来。阿加瓦尔说，尽管学生通常用来储备信息的传统方法如重读章节、复习笔记或者突出重点部分很受欢迎，但并不是很有效。这些短时效的方法可能在学生通宵准备第二天的期中考试时会有所帮助，但是这些被"塞进去"的信息不会在他们的脑子里停留很长时间。处于固定型思维的时候，人们通常关注的是表现，所以如果死记硬背帮助他在期末测试上获得了高分，给人感觉这个办法好像挺成功的。但是，当一个人处于成长型思维，认为学习本身才是成果时，他很快就会意识到，死记硬背的信息很少能保留至第二天，因而无法帮助完成深度、真实的学习。

阿加瓦尔说，我们应该通过检索练习来关注长期学习，而不是关注短期学习。什么是检索练习？简单地说，就是检索我们脑海中的信息。检索练习不是试图通过阅读、讲课和复习笔记来塞进更多的信息，它是一个能让我们大脑回忆信息的缓慢（有时甚至是痛苦的！）过程。小测试是检索练习的一个例子。当你教完一堂课，然后进行小测验时，你是在要求学生们将昨天输入的信息调出来。但如果你一周后再测试他们会如何呢？两周后？三周后？他们还会记得吗？

不断努力从大脑中提取信息对于检索练习至关重要，正如阿加瓦尔和她的同事们所相信的那样，这也是长期学习的秘诀。他们的研究表明，学习中使用检索练习的学生，67%的学生感觉较少的测试焦虑。[29] 利用检索练习作为学习策略而不是评估策略，每天以有意义的、非惩罚性的方式使用它是很重要的。

我们利用检索练习来促成信息的输入与输出，这是将检索练习带入课堂的一个例子。记住，要想在检索练习中取得最大成功，应该要将之在学习中常规化，要为之提供有用的反馈，并作为一种低风险的方法来巩固学习。

昨天的课堂上我记住的两个事情：
1. _____
2. _____
今天的课堂上我记住的两个事情：
1. _____
2. _____

关于今天课堂的内容，如果我要老师进一步解释细节，那应该是：
如果我需要给缺课的同学解释昨天课堂内容的 _____，我会这样说：
帮助老师就今天的学习提一个小测验的问题：
就今天所学内容画一幅图。
昨天的课程让我想起：

小结：头脑游戏

嘿，为何你自己不把这一章中学到的三个事情写下来呢？

1. _____
2. _____
3. _____

你是如何回顾以上信息的？想看看我们怎么做的吗？严肃地来说，这一章的全部内容是教学生了解他们的大脑是如何有成长能力的，以及如何优化这一成长来走向成功。让学生了解思维模式背后的科学是创建以成长型思维为导向的课堂毋庸置疑的一部分。神经可塑性对孩子来说似乎是一个很难理解的概念，但是其实很简单：当我们努力工作和练习时，我们的大脑就会成长和发展。一旦学生明白了这一点，他们就能更流利地说出符合成长型思维的语言。错误只是大脑在试图建立新的联系。挫折感是大脑在打开新的神经元通路时发出的感受。当然，学习一些新的东西感觉很奇怪，比如使用不常用的那只手写名字，因为你的大脑在做一些以前从未做过的事情！一旦孩子们开始理解他们惊人的大脑是如何运作的，他们就不太可能将困难和挑战看成个人的缺点，而是更有可能把它们看作是学习过程的一部分。当他们达到这个程度时，你可以通过教他们如何进行有意识、有重点的练习来获取最大的学习成效。

第 4 章

使命：元认知

知人者智，自知者明，胜人者有力，自胜者强。

——老子

我们听到老师常常抱怨他们的学生不善于解决问题。但你猜怎么着？对于缺少问题解决者这个问题，这些老师真的很少尝试去解决。听着，我们完全明白你的意思。我们这个时代，父母宠爱孩子，追求即时满足，这不是什么秘密。我们不是在质疑这种现象的存在；我们问的是，你打算对此做些什么？这一章的全部内容是帮助学生成为他们自己思维的主人。如果我们想要培养问题解决者，我们就不得不停止提供所有的答案。让孩子们在有价值的道路上跌倒是一件好事。如果你想要培养问题解决者，就别再冲过来，把所有问题大包大揽。开始强迫学生们去制定计划，谋划策略，并进行有目的的评估。准备吧！我们正在深入研究元认知，其意义就在于教会学生思考自己的思维，解决他们自己的问题。

不仅限于对思维的思考

从很小的时候起，人就开始将元认知策略作为学习过程的一部分。元认知通常被定义为"对思维的思考"，尽管这有点过于简化。它可以更好地描述为理解和控制与学习相关的高阶思维过程，如计划、战略制定和评估过程。元认知是一种有意识的思考和学习方式，当学生能够把他们的思维和学习看作是一个实施策略和评价结果的过程时，他们就可以将学习运用于更广阔的而不仅仅局限于他们当下所处的场景。对于明白元认知的学生来说，学习重要的不再是学习结果（考试中我得了A！），更多的是学习过程（X策略帮助我在考试中取得成功）。

元认知是成长型思维的一个关键工序。如果我们告诉学生，他们的大脑有能力随着练习和努力工作而成长，我们也必须给予他们能使这种成长最大化的工具。上一章中，我们讨论了可以帮助优化学习的具体策略，如检索练习。这些策略也可以应用于元认知实践。教给学生元认知的知识，以及为何有目的的计划、策略和评估学习有助于培养独立的学习者，让他们能够采用对自己有效的具体学习方法，并将其应用于任意的学习场景。

教授元认知非常重要，原因有很多，其中最重要的原因是它培养了以后生活中有用的习惯。例如，如果我们要求学生在学校完成一项任务，却不在同时询问他们完成任务的学习和思维过程，这一次的经历就仅仅是与本次任务有关。当我们鼓励学生监控和反思自己的思维时，我们就在帮助他们看到，完成此项任务所用到的技能和策略对许多其他任务都是有用的。

这种对"哪些行动和策略帮助学生取得了成果"的反思和省察,将有助于他们养成终生有用的学习习惯。

我如何才能学得最好

在他们的著作《你是怎么来到这里的?残疾学生与他们的哈佛之旅》(How Did You Get Here? Students with Disabilities and Their Journeys to Harvard)中,哈佛大学教授托马斯·赫尔(Thomas Hehir)和劳拉·希夫特(Laura Schifter)说道,尽管学习障碍可能会阻碍一些人成功,但有些人却取得了令人印象深刻的学术成就,比如考上哈佛。这些考上哈佛的学生有一些共同之处:他们是优秀的自我拥护者。他们真正了解他们的残疾带来的限制,同时找到了一套克服或规避这些限制的策略和技巧。准确地了解在任何学习环境下都能让你成功的东西,不仅对残疾学生有用;弄明白你如何才能学得最好,并把它清楚地表述出来,对任何学生都有用。[30]

教育顾问贝娜·卡利克(Bena Kallick)和艾莉森·兹穆达(Allison Zmuda)在她们的《处于中心地位的学生》(Students at the Center)一书中写道:"从每一项任务开始,学生就必须思考自己的想法——考虑他们的工作习惯,反思他们坚持的能力,并记住过去对他们有用的策略。"[31]确实,较好地了解什么习惯能促成有效学习,了解什么策略在过去曾帮助成功,是有效练习元认知的重要组成部分。

通常情况下,我们不会花时间去思考作为学习者我们所赖以完成任务的学习策略,但是把它们表达出来可以帮助我们形成一种优化学习的方法。不管你是不是花些时间把它们写下来,你都已经发现了一些可以帮助自己在学习中获得成功的策略。想想你用来规划、监控以及学习结束后用来评估的策略。以下是我们在学习中注意到的一些情况。

- 安妮是个听觉型学习者。当信息被大声念出来时，她能更好地掌握。如果是默读，往往要停下来大声把重要的段落读出来，她才能更好地理解。她读书的时候经常大声地问自己，以便能获得最佳的理解。如果发现自己理解力变弱，她会重新读一篇，然后尝试另外一种策略，如对难以理解的信息进行注释，以理解这一整段的含义。

- 安妮在嘈杂的环境中很容易分心。她在安静的环境里学习效果最好，但没有安静的环境时，她发现通过降噪耳机听古典音乐有助于她集中精力。

- 安妮有时很难重新思考她最初的策略。她倾向于制定一个计划，实施后即使没有用，也一如既往地往下走。因为她明白自己有这种固执的倾向，所以她经常停下来问自己这样的问题：这个策略对我有用吗？还有别的办法能更有效地完成这件事吗？

- 安妮在注意力持久性上有困难。如果她正在学习或从事一项新任务，当感到自己变得沮丧，或注意到自己的思绪（或浏览网页）游移不定时，她就站起来，走一走或以其他方式让自己不再学习，当她能集中精力时，再回到学习中来。

- 希瑟是一个视觉和动觉学习者，她经常通过记笔记的方式来描述和概括学习内容。通过将信息以可控的语块的形式重写或重组来记住这些信息，或者以形状或表格的方式来完成学习任务。

- 希瑟发现有必要创建一个有序而非混杂、凌乱、无序和充满干扰的学习环境。她会找到或者创建一个整洁、干净的学习空间，不放置与学习无关的物品。
- 希瑟在完成一项庞大的任务时，会设定目标或创建"要做"列表来帮助自己。把清单上已完成的任务逐一划掉，或者庆祝小的成功，以实现更大的目标，这些都有助于她保持专注，并致力于完成工作。
- 希瑟设法与他人分享自己的学习，让其他人参与进来。从她周围的人那里收集反馈和见解，有助于她以更有意义的方式更好地构建和掌握学习内容。

现在，花点时间想想你在计划、监控和评估学习过程中所使用的策略。

1. _____
2. _____
3. _____
4. _____
5. _____
6. _____

元认知：解释

如果元认知在很大程度上是我们作为学习者能意识到自我的需求，那么帮助学生发展元认知策略就必须首先帮助他们更清晰地认识自己如何学习效果最佳。帮助学生鉴别出达成最佳学习效果的元认知策略对作为老师的你同样大有助益。当你知道你的学生在什么条件下能最好地完成他们的工作，你就可以把自己的教学变得不同平常且具有个性化,这可以帮助你为学生创造最佳学习条件。首先,调查你的学生当前的元认知策略。学生可能对"元认知"这个词并不熟悉,所以你首先要解释一下"元认知"是什么意思。

向学生解释元认知的一种方法是把它与学习新技能相比较。让我们以"如何打棒球"为例。第一次尝试打棒球时,击球手将尝试不同的策略,以找到最好的方式。击球手会调整他的姿势,蹲得更低或更高,向垒板走近或走远,改变他的抓握方式,将球棒举高或者举矮点,等等,直到找到适合自己的姿势。击球者在掌握这个技术之前可能需要经历一些挫折或者失败,如三分未中出局和其他挑战。一旦击球手发现一种对自己有效的击球方法,他就会坚持下来,但他知道得不断检查自己的姿势,因为环境的改变(例如,用左手的投手和用右手的投手,等等)可能会促使他作一个小小的调整。

就像击球手一样,学生们也应该考虑各种因素,并测试出最佳的策略。不幸的是,许多学生不这样做。许多有着固定型思维的人认为他们天生就是糟糕的学习者,这很可能是因为他们还没有找到正确的策略。通常,如果他们尝试的第一种策略或最传统的策略不起作用,他们就宣布自己学习速度慢或不适合上学,而更有可能的是,他们没有坚持足够长的时间来找到适合他们的策略。在没有努力找出适合自己的策略之前就假定自己学习差劲,就像一个击球手走到垒板前,没有努力学习怎么击球就开始向空中乱挥球棒一样。教练的工作是帮助球员变成成功的击球手,作为老师,我们的工作就是帮助学生成为成功的学习者。

创建思维日记
小课堂

▶▶▶ 学习目标

这堂课结束时学生将能够：

- 理解元认知的定义
- 通过自我评估工具对自己的元认知练习进行评估
- 创建一个全年的思维日记以备使用

▶▶▶ 资源

- 每个学生一本笔记本
- 书写工具
- 元认知自我评估

▶▶▶ 方法

首先，介绍"元认知"这个词汇。告诉学生，元认知就是我们用大脑思考如何学习效果最好。元认知用于规划、监控学习、为学习提供策略，并对学习结果进行评估。用之前的棒球类比来描述元认知，或者设计一个让学生产生共鸣的例子。接下来，对学生进行一个元认知调查。（注意：你可以从下面选择几个问题，或者用一种适合你的学生的方式对这些问题进行改写。）

▶▶▶ 元认知调查

- 描述一个你在学习新知识时感到沮丧的情形。
- 不懂某个知识点时你会怎么做？
- 你如何将新学的知识与已知的知识进行联系？

- 描述你学新知识时的感觉。
- 今天所学的知识中有什么地方让你感到困惑吗?
- 今天的学习中你有没有遇到挑战?你是如何应对的?
- 今天的学习中,哪个方面你可以做得更好?

让学生结对并分享调查问题的答案。然后,让他们在小组中分享他们的答案。将学生的答案汇总到一张列表上。有时学生们意识不到人们是以不同的方式进行学习的。有些学生可能有类似的反应,而另一些学生则可能完全不同。强调学习中的相似之处和不同之处。不断提醒学生,所有的人都有不同的学习方式。

接下来,要求学生们拿出他们将记录思维日记的笔记本。(或者:学生可以使用他们平常的日记来完成整年的思维练习。)向学生解释,他们将持续记录思维日记。日记旨在记录他们作为学习者的思维过程、长处和弱点、帮助他们学习的策略,以及对学习经历的反思。向学生解释这有助于培养他们的元认知技能。

对于第一项作业,请复习元认知的定义,并要求学生画一幅思维自画像,描述自己作为学习者的特征。如果必要的话,他们可以用自己对元认知调查的回答。或者,你可以自己画一个思维自画像与他们分享。以下是学生思维自画像的例子。

我的思维日记

- 耳机和耳套是我的好朋友！我需要安静！
- 用记忆练习拯救我大脑里的知识！
- 阅读时记笔记对我有帮助！
- 我喜欢讨论，喜欢和朋友交流思想。
- 当我没搞明白时记得问问题。问题=学习。不知道时要有勇气说出来。

让学生们结对分享他们的思维自画像。

>>> **检查理解情况**

检查日记记录，以检查学生对元认知的理解。要求学生在年底创作一幅新的自画像，以此来反思这一年来他们元认知练习的进展情况。

进一步了解思维日记

思维日记是让学生思考自己思维非常好的工具。运用提示性的话语如"你今天在课堂上表现得好吗？"，或者，简单地鼓励学生写下他们在学习过程中所经历的想法和感受。在教师引导下学生写日记很有帮助，特别是在组成学习的三个主要部分：计划、战略制定/监控和评估中，记录那些能够让学生把注意力集中在讨论他们的想法的活动。

在这个例子中，莎拉的老师要求她创建一个图表，展示她对计划、监控和评估的元认知方法。这让莎拉想到了一些在课堂上学习时帮助或阻碍她的事情。写下这个过程将帮助莎拉更

51

容易地对这些事情进行反思，并在下一次学习时记住它们。

莎拉的元认知方法

计划
- 我可以问我自己，今天的新课和过去学过的课有什么联系？
- 我要预备自己进入最好的学习状态——避免分心，关掉手机！
- 我要设定一个能帮助我的目标！

监控
- 我要在课文上做注释，以记下前后的联系或问题。

我要先浏览一遍课文，找出最重要的地方。

这一点也算在计划里！

评估
- 我会列出自己的问题清单。
- 我会制作漂亮的卡片记录重点，针对重点还会来个自我测验。
- 我要使用我们课堂上学习的思考主线，并和我的一个同学进行讨论。

我爱闪存卡

另一个例子是，莎拉的老师要求她对全班学生正在阅读的一部小说写出完整的思考主线。思考主线促使莎拉思考她所阅读的是如何与她在自己生活中已经知道的事情或她的经历互相联系的。做这种类型的反思性写作可带来有趣的洞察，这是不做这样的联想不可能有的效果。

我的思考主线

我在想……《杀死一只知更鸟》让我想起在历史课上学到的黑人的故事。

这让我想起……我小时候很喜欢的一本书,因为是小孩子在讲述这个故事。对孩子来说,有很多事难以面对(例如强奸和种族歧视),但从孩子的眼里看起来好像恐惧要少一些。

我把这个故事和……自己的生活联系。吉姆和斯科特对拉德利有自己的评判,但他们都错了。这让我想到有好几次我自己被人错误评判的感觉,也让我想知道人们受到我的错误评判时他们的感受。

准备一些思考主线的样本,帮助学生对他们的思考活动进行计划、监控或评估。把它们贴在教室里,以便学生写日记时参考,或者用来作为讨论的提示,或者学生大声与全班分享时作为开头的句子。

- 我知道当……时我是在学习……
- 我在画……
- 我想知道……
- 这让我想起……
- 我在思考……
- 我注意到……
- 我感觉……
- 我很好奇如果……
- 看到这个,我想起……

成长型思维训练 2

可考虑将"思维日记"作为一本独立的日记，或者与学生在课堂上保存的其他日记相结合。确保给日记提供反馈，以便继续关于思维的对话，并促进进一步的分析和反思。

更多元认知策略

现在学生们已经确定了他们最好的学习方法，你要帮助他们使用这些策略，探索新的策略，并更新他们的元认知工具。重要的是给这些策略命名，并解释它们是如何被用于思考的。作为老师，我们经常使用这些工具，而不给它们命名，也不确定它们的目的，但让学生明确地了解这些活动是有名字和目的的却很是重要，这样他们就可以清楚地说明这些策略是如何帮助自己学习的。

激活先前的知识	通过激活先前的知识来开始新的任务。帮助学生将新的学习和旧的思考进行联系。向他们展示过去他们曾经用过的策略在新的学习场景中将很有帮助。
检查学习过程	鼓励学生在学习过程中说出元认知策略。与对思考及学习有益或者有碍的策略的持续对话将帮助学生把特定的策略与成功联系起来。
运用比喻帮助学生理解元认知	"驾驭你的头脑"是我们听到的最好的例子。告诉学生，他们是自己大脑的驾驶员，就像马路上的驾驶员一样，他们需要采用特定的驾驶方法来帮助自己到达目的地。他们可能需要停下来问路，或者改变行驶路线，等等。[32]
了解长处和弱点	当学生了解了自己对什么擅长，在哪些方面存在困难，他们就能利用这些信息。帮助学生确定作为学习者他们拥有的长处，以及如何运用这些长处化解自身的学习局限。

（续表）

自我评估	已有许多自我评估的工具，运用这些工具可以给学生提供检查自己思维的机会。
同伴评估	有些时候我们看不清楚自己的思维方式，或者缺乏必要的框架应用那些可能对我们有很大作用的策略。创建一个环境，可以让学生相互提供非评判性的反馈，这在学生成功掌握元认知这一点上作用巨大。重视元认知的教师会在元认知练习中将学生定位为既是教师又是学习者。
反馈	反馈对发展元认知至关重要。没有反馈，学生就会沿着错误路线继续采用对他们没有用的策略。通过问问题，提供建议，提供反馈，教师可以帮助学生更深入地检查自己的元认知练习。

小结：培养解决问题的人

正如本章开头所说的，我们经常听到老师哀叹现在的孩子不会解决问题，但是这些老师中的许多人并没有努力去明确教导或者练习解决问题的技能。教导学生元认知知识，提供常规练习，提供问题解决的框架可以解决这一问题。在一个承认元认知学习至关重要的课堂上，教师使用提问和言语提示来帮助学生解决自己的问题。以下一些问题，你可以用来帮助学生锻炼解决问题的能力。

- 你能够定义你尝试解决的这个问题吗？
- 你可能会采用什么策略来解决这个问题？
- 你希望看到什么样的结果？
- 你能够想出达成这个结果的解决步骤吗？
- 如果你第一个尝试解决问题的方式不起作用，造成这个问题的障碍在哪儿？

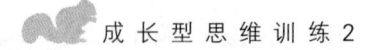

- 你能做出什么改变来改善结果?
- 你会如何使用这一次的经历去解决未来的其他问题?
- 你已经知道了存在的问题,下一步你会采取什么办法呢?

很多情况下,你必须鼓励学生成为解决问题的人。通常,他们没有解决自己的问题,因为他们没有必要——周围总是有一个成年人愿意为他们解决问题。与其仅仅给出答案,或者在学生无法自己想出答案时指导他们,不如鼓励他们参与元认知策略。这种思维在学校和生活的各项活动中都具有适用性。在课堂上推动元认知,你将提高学生的自我效能、解决问题的能力和批判性思维。

第 5 章

失败之后（失败是成功之母）

> 人生最大的荣耀不在于从不跌倒，而在于每次跌倒时都能爬起来。
>
> ——拉尔夫·沃尔多·爱默生（Ralph Waldo Emerson）

关于创造力的一个普遍神话是，最聪明的想法和发明来自伟大的灵感或天才的火花，就是所谓的电灯泡时刻。但根据爱迪生的说法，就是电灯泡，在成功发明之前，也经历过10000个实验品的失败。伟大的成就需要艰苦的工作。是的，普通而艰苦的工作。你知道，那是你爸爸星期六早上想把你从床上拉起来时念叨的话语。所有的伟人都认为，虽然有时灵感的闪现会带来辉煌的成就，但成功的关键是辛勤的、自觉的、老套的劳动。人只有坚持出勤，辛勤耕耘，日复一日地工作，才会有所收获，有所成就，才能取得成功。但这些人并非没有失败。事实上，他们往往是通过一系列的挣扎、失败和重复才获得了最伟大的发现。还记得那个灯泡吗？爱迪生对自己的10000次失败根本没有感到沮丧；事实上，他甚至没有把它们看作是失败:"我没有失败。一次都没有。"爱迪生说:"我发现了一万种不起作用的方法。"这是爱迪生的名言。学习中的成功也像发明灯泡一样,来之不易。如果你的学生没有困难,他们很可能还没有挖掘到自己的学习潜力。将有价值的失败嵌入课堂,对失败作出积极的回应意味着,在学生们的表演时间里——参加大型考试、演讲、学习新技能、尝试学校音乐剧,他们不会在困难与失败面前屈服。他们会把困难与失败作为通往成功的跳板。

捅一下那头野兽

在我们向老师们展示成长型思维时,我们尝试让他们参与一个能产生困难感的快速练习。我们叫他们画一幅他们最喜欢的动物的素描,并分享给同组的人。老师们在画素描时还在小声谈论,我们听到了如下的内容:

- "我讨厌画画。"
- "我画画的水平很差。"
- "我没想到要画画。"
- "我最喜欢的动物是熊,但我画了一条鱼,因为我知道怎么画鱼。"
- "哇!南希画的考拉熊好棒!我画不了那么好。"
- "美术老师当然会画得很好。"
- "我是美术老师,我感觉压力重重,怕画不好。"
- "我不想把画给别人看。"
- "告诉我该画什么。"
- "画这个有什么用?"

- "我对自己的画画水平能不能提高无所谓。"

我们也观察到了非言语表达出来的不舒适：

- 翻眼睛
- 睁大眼睛表示不敢相信
- 叹气
- 摆出被打败的姿势
- 尝试弄虚作假或者照别人的画一下
- 不自在地笑

　　大多数人对自己的绘画技术都不自信，之所以开展这个练习就是为了引发大家一点固定型思维。老师在课堂上一直扮演的是专家的角色，困难对他们来说是一种很陌生的体验。是的，这是真的，让教师体验困难。我们看到了你的表现，同时知道了你的秘密：你和学生一样讨厌失败。

　　固定型思维最有可能在我们走出自己的舒适区时表现出来。如果你不知道固定型思维起作用时的感觉，那么帮助学生了解这种思维就会困难很多。那就捅一下那头野兽吧！尝试学习如何弹钢琴，拍掉旧微积分书上的灰尘打开看一看，做一道复杂的菜，或解决一个魔方问题。尝试一些具有挑战性的事情，这样你就可以让自己陷入艰难之中。当你丑陋的固定型思维开始抬头时，练习用成长型思维的声音来驯服它。这个练习可以帮助你理解学生在与固定型思维的野兽搏斗时的心情。

做好失败的计划

　　"学习感到吃力的学生"在一些学校中是一个贬义词，但是如果学生在学校没有碰到过困难，他们真的是在学习吗？如果我们完全接受成长在于过程而非结果这个概念，我们就必须承认困难和失败是这个过程中关键的一部分。学习并不是直线进行的，它是参差不齐、具有瑕疵、乱七八糟的。将课堂上的困难和失败常规化是一个成长型思维教师的标志。将困难和失败常规化是什么意思呢？让我们看看一些关键的步骤：

- 明确告诉学生困难和失败是学习过程中具有价值的部分。
- 制定一个学生碰到困难或者失败时可以使用的计划。
- 教会学生坚持和韧性，并在学习过程中提供展示的机会。

很长时间以来，美国道路就是在艰辛与困难中幸存下来的。从勇敢的移民到反对君主立宪制，创建民主国家，到早期拓荒者长途跋涉，历经艰辛到西部寻找更美好的生活，再到妇女和少数民族不懈地与暴力和压迫进行斗争，寻求法律面前的平等权利，都是如此。尽管在每天寻找平等、公正的道路上仍然存在许多困难，但较之以前，已经没有那么多巨大的困难让我们必须面对。事实上，许多家长试图给他们的孩子挡掉任何可能的问题或者失望，以此来保护他们，但这种尝试其实是有问题的。因为许多孩子没有机会培养诸如坚毅、韧性、坚持等品格，并让它们成为生活中自然的一部分，因此在课堂上努力帮助他们培养这些品格，将是非常明智的做法。

承认困难不可避免

我们计划中的第一步是将你课堂上的困难和失败常规化，这可以帮助学生将困难和失败看成学习过程的关键部分。许多学生，尤其是有着固定型思维的学生，在学习的时候往往认为如果他们没有马上学会或者频繁碰到困难，他们就在学习某个课程时存在先天的缺陷。这些都是你听到学生说的话："我不是学数学的料！""我不善于阅读！""我没有创造力！"

当这些固定型思维被引发出来时，花点时间加强一下这个认识：困难是学习中自然可预测的部分。比如，分享一些故事，讲述一下取得成功的人是如何经历困难和失败，然后才取得成功的。用实际的例子来面对课堂上遇到的困难，这个方法可以有效提高学生的成绩。[33]

在美国心理协会发布的一项研究中，研究者让高中学生在科学课上阅读一些伟大科学家经历的材料，他们想知道学生对困难的反应有没有可能因为这个干预而受到影响。[34] 研究人员将学生分为三组，在第一组中，学生们阅读的材料是居里夫人、爱因斯坦和法拉第三位伟大科学家所取得的专业成就；第二组阅读的材料是这三位科学家的个人奋斗历程；第三组阅读的材料则是三个科学巨人所遇到的学术困难。[35] 以下是爱因斯坦的例子。

专业成就：家喻户晓的诺贝尔奖获得者，被视为现代物理学之父。

学术上的困难：爱因斯坦致力于修改他的论文和思想。当他的理论受到挑战时，他将批评意见当做有用的反馈，并用以加强自己的论点。

生活上的困难：孩提时，爱因斯坦频繁搬家，他得处理自己作为"新来的孩子"带来的困难，通常要跟上新班级的学习进度，他需要格外努力。

在描述科学家各种生活和学术困难的故事中，也有关于他们如何努力克服这些困难的信息。

"许多学生没有意识到,所有的成功都需要一段漫长的旅程和许多失败,"这项研究的首席研究员小东·林－西格勒(Xiaodong Lin-Siegler)博士说。

让学生有机会看到著名科学家如何经历困难,对学生们自己科学课的成绩带来了很大的影响。本研究共 402 名学生参与,干预 6 周后,科学课整体成绩有所提高,成绩不佳的学生提高显著。那些只读到科学家伟大成就而没有了解任何关于他们如何克服困难和失败信息的学生,他们的科学课成绩实际上还下降了。

明确教导学生学习过程中失败的价值将帮助他们联想到教科书中读到的人物。如果他们将爱因斯坦克服困难赶上班级进度的事迹与自己正在应对的困难和挫折联系起来,他们会更倾向于将这些困难看成短期的可以克服的,而不是长期的功能障碍或者失败。运用明确的教学方法,如分享名人经历失败的故事,顺便交流如何将困难和失败看成正常、自然的事情。这个交流可以通过更正你所听到的固定型思维模式来完成。以下是一些例子:

改述固定型思维谈话

学生说的内容	你改述的方式
"我数学糟透了。"	"你还没有学会,但你会学会的。我们一起看看你解决这个问题的方式哪些有用,哪些没有用。"
"我不善于写作。"	"你正在练习成为作家。你觉得莎士比亚高中时就写出了《麦克白》吗?要取得伟大成就需要练习,所以我们一起练习吧。"

（续表）

学生说的内容	你改述的方式
"这个错误犯得真白痴。"	"现在让我们准确地找到错误所在，然后讨论改正的方法。"
"和其他孩子相比，这个方法对我来说要更难一些。"	"你可能没有意识到，这个班上的学习者都遇到过困难。碰到困难说明你正在学习。"

为应对失败做好计划

如果人们没有合适的计划处理失败，那么失败就经常会让人进入固定型思维当中。但如果学生们做好了应对困难和挫折的计划，他们就会更加容易待在成长型思维中，然后解决问题。制定简单的"如果/那么"的计划可以很好地让学生把困难看成是学习过程不可避免的部分。有了适当的计划，学生们在学习中要找回方向就有路可循，或者，至少，他们有了可以修筑道路的工具。

以下介绍"如果/那么"的计划是如何开展的。学生们不是单纯地设定目标，然后为之行动，相反，他们要尝试考虑一路上他们可能碰到的困难和挫折。然后，将潜在困难和积极的应对方式以"如果/那么"的方式陈述出来。来看一个例子。

目标：我将在春季合唱团表演中争取独唱的角色。

如果/那么：如果我没有争取到独唱角色，那么我就咨询老师如何改进。

如果/那么：如果我没有争取到独唱角色，那么我就向曾经担任这个角色的同学咨询练习的方法。

如果/那么：如果我没有争取到独唱角色，那么我就把分派给自己的角色表演好。

如果是大型项目、测试、演讲，或者其他重要事件，花点时间帮助学生制定"如果/那么"的计划。老师们也可以亲自参与其中，以此来示范如何制定计划。事实上，老师们的"如果/那么"计划能非常好地处理我们自己每天碰到的困难。

"如果/那么"计划：如果我的学生这次测试成绩很差，我要带学生复习学过的课程，将他们不懂的地方再教一次。

"如果/那么"计划：如果这个学生今天在班上调皮捣蛋，我将深呼吸，然后执行我的行为管理计划。

"如果/那么"计划：如果我去参加会议的请求被拒绝，那我就看看有没有在线会议可以选择，然后在线与大会发言人联系。

对于学生和老师来说，参与制定"如果/那么"计划或者其他应对失败的计划有助于我们想象出许多可能的结果和解决方案。失败来了的时候，如果没有准备好，我们很快就会认定要么"我是个失败者"，要么"我不够好"，或者"我要放弃"等。当我们有了一个合适的计划，那接下来的就是一系列明确的行动。如果行动不是事先就计划好的，那么在许多情况下，对失败的反应就不是想出如何采取进一步行动，而是去找该归咎于谁。

在固定型思维中，碰到拦路石就是失败，失败就意味着不再努力。过程大致是这样的：尝试、失败、放弃。在成长型思维中，失败则是一种迂回的方式。过程大致是这样的：尝试、失败、再尝试、努力、重新学习一种技能、碰到困难、寻求帮助和意见、克服困难、成功、继续学习。确保你课堂上的失败不是拦路石而是迂回策略。

崛起

"我们必须经常劳作。一个有自尊的艺术家不能合上双手说自己不在状态。如果我们要等待好状态的到来，而不是努力在半路上去偶遇好的状态，我们很容易变得懒惰而不在状态。我们要学会耐心，并且相信灵感只会出现在驾驭自己厌恶情绪的人身上。"[36]

这些话来自俄罗斯著名芭蕾舞剧《胡桃夹子》和《天鹅湖》的作者柴可夫斯基的信中。艺术家们常常背负着天才之笔的神话，但是柴可夫斯基毫不含糊：虽然灵感有时会浮现，它不出现的频率也差不多。如果我们要等到有心情的时候才工作，我们工作的时间就很少了。即使你不想做，或者不容易做，或者即使你确信你没有什么可以做了，你还能继续保持工作，这就是我们所讨论的坚持不懈。

在你的课堂上，我们拥抱困难的最后一步是教学生们锻炼韧性，并给他们展示的机会。首先，你必须在你的课堂里创造条件，让学生有机会来展示韧性。这意味着你必须给第二次机会，以及第三、第四和第五次……我们并不是说让你不指望学生交作业；我们只是说，深度培养一种学习永远没有"结束"的文化，对培养学生的坚持不懈和韧性有很大帮助。

创造一种文化，在这种文化中，将论文打回修改两三次这种作法并不罕见。重新审视、分析反馈、与同学讨论、再次尝试的循环过程应该成为课堂上的常规。在一个真正将困难和失败视为强大学习工具的课堂上，循环的反馈是常规的程序，而不是惩罚。学习成绩即使在波动中也有提高的可能性，人们知道真正的学习需要多次的尝试。

策略聚焦

我会给予什么建议？

如果学生很难应对失败，试着进行这个练习。

凯蒂一直在雷莫尔先生的西班牙语课上苦苦挣扎。尽管她似乎一直在学习，凯蒂在最近一次测试中又搞砸了。她看着自己的分数"C-"哭了起来。雷莫尔先生找了个时间私下和她聊天。

雷莫尔先生：凯蒂，我知道你对自己的考试成绩感到不安，问题出在哪儿？

凯蒂：我已经这么努力了！我的西班牙语很烂。我不想学了。

雷莫尔先生：凯蒂，上两次测试你的成绩是多少？

凯蒂：一个F，一个D。

雷莫尔先生：我能不能问问你最要好的朋友是谁？

凯蒂：雪莉。

雷莫尔先生：好，如果雪莉坐在这里哭着告诉你刚才你跟我说的话，她不学了，因为她最近的三次测验成绩都是F、D、C，你会跟她说什么？

凯蒂：我不知道。

雷莫尔先生：你会和她说她的西班牙语很烂，她不应该上课了吗？

凯蒂：不，我不会那么说的！那样做很残忍！

雷莫尔先生：那你为什么要对自己那么说呢？

凯蒂：我想我明白你的意思了。

雷莫尔先生：如果雪莉和你现在的感觉一样，你会怎么跟她说呢？

凯蒂：嗯，我会告诉她好像她的测试成绩每周都在提高，她应该继续努力。

雷莫尔先生：还有吗？

凯蒂：如果她觉得需要的话，也许她可以向你或者其他在课堂上表现出色的学生寻求帮助。

雷莫尔先生：那么你觉得你现在可以尝试给自己同样的帮助与鼓励吗？像你给雪莉的一样。

凯蒂：嗯，我想我可以。

当某个人的固定型思维占据上风时，暂时将情况做一番假设，可以帮助他们更清楚地思考自己对失败的反应。尝试描述相同的情况，假定最好的朋友或兄弟姐妹正在经历这个失败。通常，我们会对他人表现出宽恕，鼓励他人要有韧性，但却不会用同样的方式对待自己。在上述的例子中，凯蒂在西班牙语测验中的成绩低于平均成绩，她觉得很失败。但是，当雷莫尔先生把她消极的自我对话重新假定为她对朋友的建议时，她感到很震惊。

小结：金细工技艺

在日本，有一种叫作"金细工"的技艺，说的是一种修补破碎陶瓷的方法，这种技艺大约已有500多年的历史。[37]一件陶瓷制品被打破后，不是将之扔掉，日本的工匠会用一种金色的漆将破损的部分重新黏合，这样修好的陶瓷外面就有了可爱的金色纹理。这些修复措施不被看作是陶瓷的瑕疵，而是代表了历史的一部分，它使作品较之前更美丽独特，更有趣，也更有价值。

同样，经历困难和失败并不会降低我们作为人的价值。如果我们允许它们存在，那些苦难和失败的经历最终可以增加我们生活的价值。它们教会我们：虽然我们可能会偶尔出现问题，但如果我们有勇气和韧性来修复自己，我们就会比以前更美丽、更有价值。

第 6 章

羞辱游戏

> 羞辱侵蚀着让我们相信自己有能力改变的那部分机能。
>
> ——布勒内·布朗（Brené Brown）

布兰登在初中有一位足球教练，总让他觉得自己就是个垃圾。如果这位教练对布兰登的评价是正确的，那他就是个迟钝、懒惰、愚蠢的人，甚至连上帝给予懒汉的那种职业道德都没有。简而言之，这位教练的哲学就是通过羞辱来进行激励。许多成年人——老师、教练，甚至家长——都错误地认为羞辱可以成为动力。但事实是，羞辱学生就是贬低孩子，然后使他们觉得自己没有价值或者不受宠爱。布兰登在初中踢足球很棒吗？不是特别棒。他本可以很棒吗？我们永远不会知道。因为在赛季中期，他因为受够了老师的羞辱而退出比赛。就这样，羞辱滋养出固定型思维模式：经常告诉孩子他们臭烘烘的，很快他们就会开始相信这些对他们的评判。在这一章中，我们将讨论一下羞辱这个话题。羞辱是什么？我们怎样才能在课堂上限制它？我们如何管理它产生的影响？那些人是对的：羞辱是一个强大的动力。只是不像他们想的那样起作用。它刺激人们放弃、退缩、停止努力。

羞辱大多数情况下是用来进行纪律管理的。但如果我们问任何一个老师纪律是什么，我们相信没人会说"纪律是一个用来使孩子感觉自己很差劲的工具"。不，他们会告诉我们纪律是给予引导，帮助学生做出更好的选择。让我们一起看看如何超越羞辱游戏，寻找能帮助我们的学习者做出更好选择的策略。

公众羞辱的演变

米兰达·拉金是佛罗里达州克莱县奥克利夫高中的新生。在新学校的第三天，一位老师告诉她，她的裙子太短了；奥克利夫高中的手册上说短裙和连衣裙不能超过膝盖以上3英寸，而米兰达的是4英寸。米兰达被带到护士办公室，他们给了她一件超大的亮黄色衬衫，衣服的前面用黑色的字体写着大大的"违反着装礼仪"几个字。

学校官方人士对因违反着装规范而要求穿上让人尴尬的衬衫这一措施进行辩护，但拉金的母亲起诉了这所学校。在接受《华盛顿邮报》采访时，[38]这位妈妈说，她认为，违反规定就应该受到惩罚，但她的问题不是着装规定。"我的问题是，"她说，"公众对孩子的羞辱。"

从让受罚的学生戴上高帽子一直到现在，公众羞辱由来已久。尤其是那些公开羞辱孩子的父母，已经成为互联网文化风尚的焦点。用谷歌搜索"家长羞辱"这个词，你会看到孩子们拿着海报大小的广告牌，上面写着"我是个恶霸。如果你讨厌恶霸，就按喇叭"，或者"我撒谎。我偷东西。我卖毒品。我不遵守法律"之类的东西。在这些图片中，你会看到大量匿名评论，称赞羞辱孩子的父母做得很好。一段广为传播的视频记录的是一位父亲因为女儿不服从而扔掉她的手提电脑，在YouTube上有超过4000万次的点击率。我们感到社会对羞辱漠不关心。我们中的许多人并不赞成那些扎眼的公众羞辱行为，但对那些每天在学校里发生的无数隐秘而不起眼的羞辱事件却睁一只眼闭一只眼。

什么是羞辱？

当我们谈论羞辱时，我们谈论的是无数的经历。这是一个常见的羞辱场景：你看到一个熟人穿过拥挤的房间，面带微笑，热情地注视着你，但是当你回以微笑和挥手时，你意识到他是在和你身后的一个人打招呼。哎哟。真让人受伤。在那一刻，你感觉胃里有种下沉的感觉，只想掉头就跑。你也许会想，我真是个白痴！这就是羞辱，尽管它转瞬即逝——瞬间的尴尬。这是我们所有人都曾有过的感觉，在人类的发展进程中，这是一种很常见的情感。专门研究羞辱感与脆弱性的研究人员布勒内·布朗将羞辱描述为"强烈的痛苦感受或者经历，认为自己有缺陷，从而不值得爱或者拥有"。[39]

当我们在人群中感到尴尬时，我们就会对羞辱有一点体验。当我们觉得自己是个失败者或者未能达成某个目标时，我们就会感到羞辱。当我们在职业生涯或者个人生活中，持续感受到不足、平庸或没有价值时，这就是羞辱。羞辱是一种强烈的情感，因为在体验它的过程中，我们感到自己没有价值、不可爱。

对羞辱进行了广泛研究的布朗在她的博客里写道："根据我的研究，我真的认为羞辱仍然是最受欢迎的课堂管理工具之一。"她接着说，在研究羞辱的主题时，她曾与受试者进行谈话，85%的人说他们记得学校里让他们感到羞辱的事件，这些事件甚至改变了他们作为学习者对自己的看法。[40]

完全没有羞辱的课堂当然也是不可能的。就好像你不能控制你所有的学生都具备成长型思维模式一样，你也不能阻挡学生在你的课堂上体验羞辱。诸如来自同学的一个白眼或者一个斥责，这是作为老师的你所注意不到的，但有可能让学习者感到羞辱。

当然，羞辱与成长型思维是密不可分、互相关联的。它们是一个硬币的两面。学校有意或无意地助长了羞辱文化，就像失败会引起自卑感一样，当学生被处以红牌或者"榜上有名"，或者被迫穿上宣扬失败的黄色大T恤时，他们就被公开地贴上了"坏人"的标签，这时他们体会到的就是羞辱。一个学校如果能容纳羞辱的文化，它是不会将成长型思维看成通往成功的道路的。

成长型思维的基础是相信我们自己的品质、特点和能力在本质上不是固定的，只要付诸实践、刻苦努力，我们就能在所有领域有所成就。当你的学校里有足够多的人接受这一精神并与他人分享时，一种有利于成长的文化就会出现。但是，在一种被恐惧和羞辱支配的文化中，成长型思维会受到破坏。

能意识到羞辱的课堂

羞辱对成长型思维有着深刻的影响。成长型思维的核心是，相信你的特质和品质可以随着时间的推移而发展。但是，正如布勒内·布朗所说，"羞辱会腐蚀我们相信自己有能力改变的那部分机能。"当我们羞辱一个学生时，我们就正在削弱他或她的成长能力。

能意识到羞辱的课堂是什么样子？长期以来，课堂管理一直采用的是以羞辱为基础的策略。在能意识到羞辱的课堂上，教师通过与学生共情来避免羞辱学生。首先，我们必须能够认识到羞辱的迹象。最简单的方法就是问问自己，羞辱的内在和外在表现对你来说是什么样子。也许你脸颊变红，你转向自己的内心，你想独处，你变得非常安静和孤僻。回想自己曾觉得受了羞辱的一次经历，指出在那次经历中你都自言自语些什么。

当我感到羞辱……
我感到 _____
我体会到 _____
我相信 _____
我想 _____

重要的是，不仅要审视你是如何感受羞辱的，还要审视你是如何从羞辱的经历中恢复过来的。如果你认为一个学生正在体验羞辱，那么说出来至关重要。一个可以自由命名羞辱并以共情来对付的课堂，是一个给学生们提供对抗羞辱破坏作用的课堂，布朗称这种共情为羞辱的"解毒剂"。如果羞辱是一种没有价值和不被人爱的感觉，那么当一个学生感到羞辱时，我们必须通过言语和行动来增强他或她的价值观和归属感。那里老师与同学努力用共情来对付羞辱，那里羞辱就没有存身之处。

以下这些课堂管理实践的例子将帮助你限制课堂上的羞辱。

当学生……	不要……	而是试着……
说话轻率……	……不要将学生的名字写在黑板上作为惩罚。	……明确告知学生什么时候适合说话，什么时候要倾听。每天创建大声分享的机会。
被抓到在发短信……	……不要强迫他们将短信读出来。	……要他把手机收好，然后私下跟他们谈论手机使用要求。
在一次测验或者作业中表现很差……	……不要宣布有多少学生不及格。	……提供有效反馈，并提供让不及格学生重做的机会。
违反着装规则……	……不要把他们送回家或者强迫他们穿学校发的衣服。	……给他们复印一份着装要求，并具体展示适合学校的服装应该是什么样的。如果必须马上更换，帮助学生悄悄打电话让家长送衣服来换。
有意伤害对方……	……不要叫他们恶霸。	……让他们对自己的行为负责，但继续给予爱和支持。

在课堂管理中丢弃羞辱游戏

尼基·萨比斯顿是弗吉尼亚一位资深小学和早教老师，她在博客上发表了一篇题为"为什么我再也不会使用行为记录表"的文章，[41]引起了轩然大波。尼基对行为记录表产生厌恶始于她儿子每次从幼儿园回家都感觉受到了打击，因为他的课堂行为记录表上从没有出现过绿色标记。她意识到行为记录表的影响要远远超出课堂，这就包括了她儿子身上表现出来的心理影响。

"孩子确实需要人提醒来保持进步，他们也确实需要为不良行为承担责任，我们应该奖励积极的行为。"尼基·萨比斯顿在博客中写道，"但为不良行为承担责任不能使用带来压力、担忧和羞辱的方式。我只有从做妈妈的角度来体会自己孩子的痛苦才能看到这一点。"

她开始以更为批判的角度来看待自己使用的行为记录表。她注意到,虽然行为记录表能追踪课堂上的行为,但并没有带来什么有意义的改变。许多学生感觉这种记录表是压力的来源,让人沮丧。记录表在设计上就假定孩子们会捣蛋。

"孩子们处于自己或者朋友将会出现问题的危险中,"萨比斯顿说,"老师创造的竞争只能引起混乱,并不能真正帮助学生表现更好;它只会带来恐惧、挫败和担忧。"[42]

萨比斯顿在课堂管理中不再使用行为记录表,而是努力减少诱发羞辱的行为记录,同时围绕交流和联络来实施课堂管理。她通过私下交谈、口头暗示以及手势来提示学生合适的行为规范。萨比斯顿在教室里安排了一个舒缓区,供学生主动过去休息或减压。有些时候,如果学生需要,她会叫他们去那里稍微整理自己的思绪,但她尽力使之变成让人开心而不是感觉受到惩罚的区域。这里甚至配有布娃娃或减压球供学生挤捏。如果发生行为问题,她会把关注点放在好奇而不是愤怒上。她所做的第一步是要学生告诉她发生了什么事情。

"他们通常能敞开心扉、诚恳交流,"萨比斯顿说,"在讲述的过程中,往往不需要我说,自己就能意识到发生了什么。"

萨比斯顿强调了解学生的感受,并对所有情绪表示理解。一旦学生愿意转述所发生的事情、描述他们的感受,萨比斯顿就会接着问学生:"现在应该做什么?"她说需要指导学生进行改善的时候很少,因为一般学生自己已经明白了该做什么。

"如果学生自己没有想出解决办法,他们就不会学习。"萨比斯顿说。

对于仍然在使用行为记录表的教师,萨比斯顿说,虽然她理解行为记录表的意图是良好的，希望学生能表现良好，但可以有更好的方式。她鼓励老师试着从学生的角度看待行为记录，她说："这能提醒我们从不同的角度更近距离地观察这群小人儿。"

超越羞辱的行为管理

找到不引起羞辱并进行有效行为管理的模式是可能的。布朗在她广受欢迎的TED演讲"倾听羞辱"中，区分了羞辱和内疚。根据布朗的说法，内疚是"我做了坏事"，而羞辱是"我是个坏人"。[43]

我们看看这个场景：

大卫的老师今天过得很糟糕。孩子们调皮捣蛋，一堂精心策划的课被打乱，家里也出了点事。大卫成了压断骆驼背的那根稻草。因为他抢着说话，老师训斥他说："你为什么就不能乖点呢？""对不起，"大卫回答，"我知道我是个坏孩子。"大卫老师的态度有所缓解，语调也有所改变。她暗示过他是个坏人吗？她确实没有这么想过，但显然大卫是这么理解的。他从来就不乖，所以他是个坏孩子。是的，现在她看到了这一点。

许多老师都能理解大卫的老师。她尖锐的言辞有点过分。她忍无可忍，而她的意图并不是这样。但底线是，大卫就这样认为了。

她没有继续责怪大卫，而是马上开始修复这个伤害。她把大卫拉到旁边，向他道歉。她告诉大卫自己很关心他，还指出了大卫的几个优点，希望这能修补刚才自己言辞造成的伤害。

然而，我们当中有些老师，说了一些伤人的话，却从不试着去修补伤痕。他们也许说，大卫活该。如果他长点心眼，不乱说话，他们就不会盯上他。他们会这样为自己的行为辩护。是，如果你看不到老师的语言不精确，这个逻辑可以暂时立得住脚。她挑起了羞辱的感觉（你是坏孩子），而不是羞愧的感觉（你做了坏事）。

密西西比州大学基础教育系的教授安·门罗（Ann Monroe）在《教育论坛》上发表的一篇文章[44]中写道，尽管内疚和羞辱从表面上看很相似，但研究表明，这两种情绪的含义是非常不同的。

"……更善意的情绪，如内疚和尴尬，可以起到与羞辱同样的调节作用，而不会潜在地成为一种内化的、对自我意识产生破坏的力量。"门罗写道，"研究表明，这些情绪没有羞辱那么强烈，潜在的破坏力也要小得多。"

我们不是在暗示，老师和学校不应该对学生违规实施惩罚。只是惩罚的言语和方式相当重要。语言必须精确。如果说"你为什么就不能乖点呢？"，大卫的老师让大卫感觉到的是自己没有价值、不可爱，是个坏孩子；如果她把大卫拉到旁边并且说，"大卫，注意说话的秩序"，大卫可能就会为自己违反纪律而内疚，但却不会让他感觉"自己很坏"。

经常感到羞辱的一个后果是变得散漫。布朗说："当我们散漫的时候，我们就不会站起来表现自己，不愿意贡献自己的力量，也就是不在乎了。"[45]让我们来看看散漫的学生和专注的学生间有什么区别：

散漫的学生	专注的学生
在课堂上沉默寡言,不说话,哪怕被点到也不说。	回答问题,提出问题,与教师和同学进行互动。
将脸埋起来,睡觉,做白日梦,或者拒绝参与。	专注听讲,提供意见,与同伴合作,全身心融入课堂和班级。
完不成课堂作业和练习,或者完不成最低的要求,表现得比自己潜在的能力要差很多。	参与学习,做出明确的努力,重视学习的机会。
表现得具有防备心,在班上严严实实地包裹自己,好像是要上战场。	自由地接纳批评,接收教育的风险,在课堂上不恐惧、不担心。

了解专注学生和散漫学生的状态很重要,承认羞辱会引起学生回避课堂也很重要。如果你注意到一个学生不在状态,也许是因为她感觉到了羞辱。在这种情况下,通过共情来帮助学生克服这种情绪。(如果学生准备好了要专注起来,参考第9章增加学生专注力的策略部分。)

校园文化和变革推动者

作家兼治疗师玛丽·皮弗(Mary Pipher)说:"文化变革需要成千上万个个体的勇气和善意。这是我们的文化产生改变的唯一方式。如果你相信这一点,这意味着你就是一个变革推动者。"[46]

你是你们学校变革的推动者吗?换句话说,你每天是在为无数微小的善意行为贡献力量还是在阻挡这些行动?还记得奥克利夫高中吗?那个因孩子违反着装规则而要求穿亮黄色羞辱衫的学校?想象一下,一小部分老师反对因为裙子太短太紧身而羞辱学生的作法。如果他们写信拒绝惩罚违反着装规则的学生，或者向行政管理部门控诉，那会是什么情景？你认为这个作法还能维持多久？

文化人类学家玛格丽特·米德（Margaret Mead）的名言是这样的："千万不要怀疑一小群有思想的、坚定的公民能够改变世界；事实上，他们是唯一能改变世界的人。"[47]

要成为变革的推动者，你得从自己的课堂开始。学校里会出现各种文化层面的问题，从员工士气低落、领导独裁到缺乏对学生的支持。虽然这些问题往往是无形的，但其影响很明显。有害的学校环境，如将羞辱学生作为学校纪律的一部分，可能会给教职员工和学生带来毁灭性的后果。

承认羞辱

在你的学校里，拒绝羞辱的第一步就是在它发生的时候承认它的存在。尽管是出于良好的用意，羞辱还是会发生。例如，课堂管理工具，比如行为记录表，经常在给老师开设的初级教育课程中被教授，所以当教师使用这些工具时，他们可能并没有意识到他们可能正在羞辱别人。同样，能力分组的意图是良好的：与同龄人一起在类似的阅读水平上进行阅读教学。但是，如果这种方法对学生的自我价值感会带来持久的影响，我们就必须问问自己，这些可能诱发羞辱的课堂实践带来的短期利益是不是值得追求。让我们来看看一些常见的羞辱情景，并研究一些可能的解决方案，这些解决方案可能会减少人们在学校里的羞辱经历。

羞辱情景	解决方案
老师叫捣蛋的学生领红牌卡。	努力利用一对一教育或者谈话来保护学生的尊严，进行私下谈话而不是公开惩罚。
老师因某个学生捣蛋当着其他学生的面给家长打电话。	谈论某个学生时（即使是与其他老师），确保谈话是私底下进行的、专业的。
学生根据能力分组，进行阅读指导，所有学生知道"蓝鸟"代表阅读能力最强的学生，而"红鸟"代表阅读能力最差的学生。	如果要进行能力分组，确保分组是流动性的。可能的话，打乱组别，让学生自由选择，任意组合或者设计花样组合方式。
学生在班上被抓到发短信，被强迫把短信内容念给同学听。	私下教训或者谈话，提醒学生合理使用手机，如果问题继续，制定一个计划，让学生承担相应后果。
行政管理人员八卦某个员工。	不要八卦，表示同感，试着以理解的角度来重新阐述相关情况。
你发现许多同事表示对一些学生非常喜欢。	努力强调所有学生积极的方面——他们做得好的事，他们成长的领域等，尤其是那些在其他课堂上没有得到正面反馈的学生。
员工们几乎不接纳问责制。他们总是指指点点，相互指责。	通过努力接受责任来示范问责制。通过展示弱点来促进相互联系，分享关于高效工作团队的有用信息。
老师常规性地让学生们相互给试卷评分，或者是在班上大声宣读分数。	经常将分数保密，营造一个鼓励成长而不是传统上的高分课堂文化。

谈论羞辱

那么，你在学校里如何对抗羞辱文化呢？很简单。当你看到什么时，就说出来。布朗表示，羞辱之所以对人产生巨大作用，是因为人们很少谈论它。当感到羞辱时，我们往往想缩进某个洞里，装作什么也没发生过，而不是说给别人听。为什么要跟别人说丢脸的事呢？这只会让人感觉受到羞辱的时间更长些，对吧？错。布朗认为，羞辱的天敌是共情。我们和另一个人谈论羞辱时，他会对我们的烦恼、耻辱和痛苦表示理解。换句话说，不要以高高在上的姿态在学校里四处羞辱那些制造羞辱的学生。这与直觉背道而驰。

首先，如果有个学生来和你说他自己的羞辱经历，不要制止。比如，学生说："今天体育课上我爬不上绳子，老师让我感觉自己很愚蠢。"对这种羞辱表示共情，然后说诸如此类的话："你知道吗？我上小学的时候，根本就不会跳绳，所有的小朋友都取笑我。这让感觉很糟糕，所以我能想象得出你现在的感受。"马上，这个学生体会的就不再是羞辱和丢人的孤独感，而是获得了共鸣的归属感。体育课上表现不好，你只是其中一个，是的，水平是差，但这并不说明你这个人也很差。

同样，当你看到一个同事羞辱学生时，如果用同样的方式羞辱同事的职业精神只会导致更多人感觉糟糕。那你可以做什么呢？对制造羞辱的人表示共情。也许可以这样说："老兄，我看到了刚才那个学生的所作所为，发生这样的事我也很讨厌。我知道这样的情况很不好处理。你知道吗？我读过一篇文章，告诉我们如何在这种棘手情况下处理学生。要不要我发给你看看？"

很可能，羞辱学生的那个同事的出发点是很好的。也许他们也尝试过教学生注意安全，或学会自尊，但失败了。几乎没有哪个老师因为心胸狭窄而去羞辱学生。更可能的是，当时的情形很糟糕，引起的后果很严重，这时，老师和受到羞辱的学生一样需要共鸣和同情。

让我们来看看校园里的羞辱实例，探究一下可能的反应。

情景	不要	要
学生向你抱怨说她感觉很尴尬，因为课堂上她插嘴被老师拉到角落。	不要冲到老师门前质问她职业道德何在。	找到一个很自然的机会和这个老师交谈你在班上处理学生行为的策略。
一个幼儿园的学生把盒子里的蜡笔折断了。	不要说："你太淘气了。"	跟学生解释好选择和坏选择有什么差别。解释将所有的蜡笔折断是不好的选择。然后一起讨论出好的选择是怎样的。
你看到一个学生取笑另一个学生测验不及格。	不要对这个羞辱同伴的学生大喊大叫。	首先，对不及格学生表示理解和支持，强化失败是学习和成长的机会这一观点，提醒学生，你相信他们能相互理解。其次，让羞辱别人的学生换位思考。让他感受一下如果别人用同样的方式对待他会怎样。让他在换位思考之后再对别人作出评价。
一个学生被赶出课堂，现在坐在走廊上，或者办公室或者某个禁闭室。	当你经过这个学生时，克制自己，不要流露出沮丧、讨厌或者失望的表情。	与学生对视，表示同情或者真诚的微笑。当天晚一点的时候或者在第二天，与学生见面，提及你曾看到过他。问问他是否想说说发生的事情。如果他愿意，在谈话中帮助学生分析一下，并想出解决方案。如果学生不愿意讨论，让他去，但表示你知道他下次能做得更好的期望。努力让学生看到自己的重要性和价值。

小结：示范、共情、交流

我们都有感觉到羞辱的时刻，包括老师。当你自己感觉受到羞辱，或者碰到一个感觉受到羞辱的人，努力敞开心扉最能治愈伤痕。

布朗说："如果我们和别人分享自己的故事，又能得到共鸣和理解，羞辱就不复存在。"创建一个能意识到羞辱的课堂意味着你要有勇气和学生分享自己的羞辱时刻，并示范敞开心扉进行交流需要哪些有价值且必需的步骤。当学生感到羞辱时，表示理解，示范人际交流的价值，勇敢分享你自己的情感，这些都能在学生处理课堂上或者课堂外的羞辱经历时起到很好的示范作用。

第 7 章

人际交流

> 善意的话语简单易说,但其回响却永不停歇。
>
> ——特蕾莎修女

通常,共情的特点是把自己放在别人的位置上。最近的研究表明,人类的大脑实际上天然就有共情能力,但是,正如我们所知,如果不经常进行练习来加强神经元之间的连接,连接的通路就会长锈。在这一章中,我们将告诉你为什么共情在课堂上很重要。它可以在微小的事情——比如学生在课间休息时受到伤害——上发挥作用,也会在更大的范围产生影响。人们今天经常谈论的是有多少学校在行为问题上更喜欢采用零容忍管教,而不愿意用共情来进行人际交流。零容忍管教会对学生产生终生的负面影响,出校园就进监狱即是这样的例子。最后,我们想让你知道,每天都练习共情,即使是在一些很小的方面,也可以加强与学生的联系,然后就像滚雪球一样,好事会越来越多。

老师的无条件正面关怀

在开始写这本书的时候，我们觉得必须用一章的篇幅来讨论成长型思维与共情的关系。共情，简单地说，就是理解和认同他人感受和情感的能力。他人缺乏共情——或者可预期的或是可被察觉的对他人缺乏共情——往往是思维定式背后的罪魁祸首。人们之所以避免尝试新事物或处理难题，是因为他们担心如果遇到失败或困难时，会遭到别人严厉的批评。回想一下是什么引发了你自己的思维模式。你可能会发现固定型思维往往发生在这样的情形下：你害怕失败会使自己失去在别人眼中的重要性或价值。

当我们与教育工作者交谈时，一位学校辅导员提到，她并不是使用复杂的方法来教授共情，而是经常与同事和学生分享一种处理人际关系的方法："无条件正面关怀"。这是一个由知名心理学家卡尔·罗杰斯（Carl Rogers）发展起来的人本主义心理治疗方法，不管是在学校还是在其他地方，对建立健康和富有成效的关系都很有价值。在教师职前培训中，你可能已经读过罗杰斯广为流行的人本主义教学著作。他许多处理"治疗师—病人"关系的技巧在课堂上也有一定的适用性。让我们把"无条件正面关怀"的每一部分都解释一下：[48]

"无条件"就是不需要条件。用罗杰斯的话说，这意味着"无条件接纳，没有'只有你这样或者那样我才喜欢你'的情绪"。

"正面"，罗杰斯写道，在这里意味着"奖励"他人。本质上，它是把人作为一个值得尊重的、有价值的、完整的存在，这包括接受他"消极的表现"（即，没有价值的感情和行为）和"积极的表现"（即，有价值的感情和行为）。

"关怀"就是对另一个人表示尊重,即尊重他人,把别人看作是有行为能力的人。正如罗杰斯谈到自己的治疗实践时所说,"这意味着将病人看作独立的个体来关心,允许他们有自己的感受和经历。"

那么,我们如何将"无条件正面关怀"这个方法用到学校里呢?对老师而言,可能是这样的:

1. 我关心并想让我的学生得到最好的东西,不管他们是谁,来自哪里,我曾听说过他们什么,他们说过什么,或者他们在某一天表现出什么行为,我都会慷慨地表示关心和同情,没有例外。

2. 我将自己的学生看作是完整的人。他们远大于他们在课堂上的行为之和,他们是独一无二、值得爱护和尊重的复杂个体。

3. 即使是在受到惩罚或者捣乱的时候,我也会用言语和行动来继续表达对学生的尊重和肯定。

你可以看到,这种对他人的方式对老师和学生都是有价值的。实行无条件正面关怀的老师,将会避免对某些学生的偏袒,对所有学生都表示尊重,让他们感觉有尊严,避免让学生感到愚蠢或可耻,努力与所有学生建立有意义的关系。

对学生的无条件正面关怀

为了简化无条件正面关怀的概念,使最小的学生也能够理解,老师可能要创造一套课堂价值观,其中包括无条件正面关怀的基本原则。看起来可能是这样的:

在这个课堂里，我们会……

- 尊重他人的选择。
- 承认所有人都很重要，是有价值的。
- 努力接纳而不是评判他人。
- 对他人表示同情。

通过你与学生间的互动，还有你的态度来展示对学生人性的无条件肯定和尊重，可以促进学生行为的积极转变，但这也不是没有争议。比如亨利，一个幼儿园的孩子，表现出极具攻击性的行为。他的老师克林顿女士认为，他看似强硬，实际上是内心受到了伤害。无论亨利做了什么，克林顿女士承认他的价值和人性的想法从未动摇过。他弄坏东西，翻倒桌子，尖叫咒骂，拒绝参与，甚至有一次还打了克林顿女士。

克林顿女士不是没有处理这些问题，亨利的行为会受到规则的处罚。克林顿女士每天都努力用这种结果来更正这些行为。但不管发生什么，亨利走进她的教室（即使被请出教室之后），克林顿女士都毫不例外地带着善意和积极的心态迎接他。她通过接触、眼神交流、微笑等非语言暗示或者语言表达努力让亨利感到自己是有价值的。有些老师觉得对亨利表示无条件的爱护和善意"太便宜他了"。但是，克林顿女士相信，对亨利的无条件正面关怀改善了亨利与她的关系，改善了亨利在课堂上的行为，稳定了他自我调节、增强自我价值感的整体能力。

卡尔·罗杰斯认为孩子们有两个基本需求：正面关怀和自我价值。来自他人的正面关怀影响了孩子的自我价值。以下是罗杰斯对儿童高自我价值和低自我价值的看法：[49]

	低自我价值	高自我价值
信心	一个具有低自我价值的孩子缺乏自信，没有积极的自我感觉。	一个具有高自我价值的孩子信心满满，能积极评价自己。
挑战	一个具有低自我价值的孩子回避挑战，在失败的压力下一蹶不振，不承认或者不理解生活中不可避免的不愉快。	一个具有高自我价值的孩子能勇敢面对挑战，从失败中吸取教训，承认生活中不可避免地会有不愉快。
他人	一个具有低自我价值的孩子防备他人，经常表现出防御或进攻性行为。	一个具有高自我价值的孩子能与他人坦诚相待，能接纳批评意见，建立健康的人际关系。

克林顿女士认为亨利正在经历低自我价值的困难，而培养他自我价值的最好方法就是无条件正面关怀。其他人可能误以为克林顿女士对软弱和冷漠表示爱护和善意，她知道，为了建立亨利的自我价值，她必须让他在任何时候都感到被爱和被重视。

无条件正面关怀与思维模式

那么，无条件正面关怀和思维又是如何产生联系的呢？当一个学生知道自己是作为一个人受到爱护，得到重视，为人接受，而与他们在测验中的表现、考试等级或失败没有关系时，他们就更有可能在学校里养成一种成长型思维模式。相反，作为学生如果他们仅仅是因为在测验中表现优异或者试卷得了满分才得到重视，他们就可能会在学校里表现出固定型思维。

许多人认为思维模式和无条件正面关怀两个概念是相冲突的。德韦克本人经常说，她要将思维理论发展为自尊运动的解药。但是对别人表示尊重和错误地鼓励自尊是完全不同的。你可以尊重别人，同时提出建设性的批评意见，这两者并不相互排斥。无条件正面关怀并不意味着不帮助学生纠正行为或从不管教；它仅仅意味着当你参与帮助改变那些消极行为时，你将焦点放在人的行为，而不是人的本质上。有一则瑞典谚语说："在我最不配得到的时候爱我，因为那是我真正需要它的时候。"无论学生的行为如何，我们都必须继续保持关心和爱护。表达爱护和尊重并非让你纵容他们的行为，而是要你肯定他们的人性。

同情与共情

第 6 章中我们已经了解到共情是对抗羞辱的良药。对于今天的教师而言，学会共情已经是毋庸置疑之事。我们不了解学生在家里的经历——有些学生甚至没有家，这就是为什么他们把学校当作一个有爱和归属感的地方，在学校里，他们可以把恐惧和忧虑抛在门外，全身心地投入学习，这一点至关重要。我们必须不只是为学生去感受，我们必须和他们一起感受。为学生去感受是同情，与学生一起感受是共情，两者很容易产生混淆。让我们来看几个例子。

请看以下场景：

凯文是奎恩女士课堂上的一名 8 年级学生，他还上了她的数学课。凯文从小就和母亲、祖母住在一间公寓里。最近一年，凯文的祖母一直在和癌症做斗争。凯文有几天没来学校，之后奎恩女士发现原来是凯文的祖母去世了。凯文回来的时候很悲痛。奎恩女士把他拉到一旁谈话。

同情是这样的	共情是这样的
奎恩女士：对你祖母的去世我表示很遗憾。	**奎恩女士**：听说你祖母去世了,我感到很伤心。
凯文：谢谢,奎恩老师。	**凯文**：谢谢,奎恩老师。
奎恩女士：你今天还好吗?	**奎恩女士**：你今天还好吗?
凯文：还好。	**凯文**：还好。
奎恩女士：知道吗?你祖母是个战士,她与癌症作了一年的斗争。我很遗憾,但至少现在她不需要痛苦地活着了。你将拥有许多美好的回忆。	**奎恩女士**：失去一个我们爱的人是件艰难又悲伤的事情。我知道你现在心里很痛,如果你想找个人说说话,我在这儿等着,随叫随到。
凯文：嗯,也许吧。	**凯文**：谢谢您,奎恩老师。

看到区别了吗?在同情的例子中,奎恩女士试图对凯文的处境进行正面的描述。她试图把他的痛苦降到最低,办法是"帮助"他看到祖母过世积极的一面。在共情的例子中,奎恩女士并没有试图对凯文祖母的死进行正面的描述。相反,她只是努力与他产生共鸣,让他知道她明白失去亲人所带来的心痛,如果他需要她,她随时恭候。在第一次谈话中,凯文会走开,可能永远不会和奎恩女士谈起这个话题。她是在为他感受,不是在和他一起感受。在第二个例子中,奎恩女士承认凯文的痛苦,但没有陈词滥调。她只是让他知道她理解他的感受,并为更多的爱和交流敞开大门。

让我们看看另一个例子。

夏奈尔是个正在申请常春藤盟校的尖子生。她很心仪普林斯顿大学,但遭到了拒绝。她后来被康奈尔大学接收,但她告诉她的老师李先生自己因为被普林斯顿拒绝而感到很受伤。

同情是这样的	共情是这样的
李先生：你还在为没能进普林斯顿大学心烦吗？	李先生：你还在为没能进普林斯顿大学心烦吗？
夏奈尔：是的，我感觉糟透了。	夏奈尔：是的，我感觉糟透了。
李先生：这就是失望，不过总会过去的，相信我。看好的一面吧，康奈尔也是个很棒的学校！	李先生：我知道想要一样东西却得不到是什么感觉。这种失望让人很心痛。你想说说吗？

在表示同情的例子中，李先生尝试在夏奈尔失望之际向她表示善意，但他最终做的是尽可能压制她的情感。在共情的例子中，李先生让夏奈尔知道，老师了解她的感受，保留对她失望情绪的判断，并提供交流的机会。虽然只是很小的改变，但正如布勒内·布朗所说，同情"促使关系断裂"，而共情则"帮助建立关系"。[50]

从这两个同情的例子中你可以看到，凯文和夏奈尔很可能会在谈话结束时感觉他们的老师好像根本不懂自己，而在共情的交流中，他们会在谈话结束时觉得有人可能了解他们正在经历什么。

你是同情学生还是与学生共情？共情让自己深陷其中，与当事人一同感受，不作出评判。同情是盯着深陷泥泞的人，未经允许主动提出建议，而不是爱和支持。让我们再来看看学校里常见的几种情况，以及对它们分别作出羞辱、同情、共情的反应是什么情形。

人际交流 / 第 7 章

情景	羞辱反应	同情反应	共情反应
一个学生在一次很努力准备的考试中没有及格。	"你本应该更努力一点的。"	"还好不是期末考试。努力点，下次你会考得更好的。"	"已经这么努力了还没有及格真是糟透了。为什么不聊聊下次这样的考试我们该如何准备呢？"
学生因为忘记交家庭作业感到很失望。	"希望你从这次不负责任的事情中吸取教训。"	"很遗憾你忘记交作业，但至少你下次会做得更好。"	"我们都有忘记做事情的时候。你还想聊点什么吗？"
一个学生在课间被另一个学生取笑，然后就这个事情告状。	"别老那么哭哭啼啼的！"	"很遗憾你受伤了。找个别的地方，不要跟他玩。"	"被别人取笑让人伤心。如果你准备好了，何不做个计划，以免类似事情再次发生呢？"
一个学生说补休某门课程后感觉自己很笨。	"再努力点，你就能和正常孩子一起上课了。"	"别担心。你不笨，你只是需要额外帮助。你会很高兴自己这样做了。"	"我知道这让人感觉很糟。我上大学那会儿也曾重修过一门课程，我记得当时的感觉和你现在很像。你想聊聊吗？"

如果你每天都努力改变你的语言，在细微之处练习共情，你的行为会随着时间的推移而变成习惯。你会从课堂上"表演"共情转变至发自内心表示共情。与成长型思维一样，在这个过程中，我们都是学习者。有意识的努力会将共情行为变成一种理所应当，一个你看世界的全新视角。

93

建立共情
小课堂

▶▶▶ **学习目标**

这堂课结束时学生将能够:
- 区分同情和共情
- 懂得如何做一个会共情的朋友

▶▶▶ **资源与材料**

- 表情符号
- 《嘿,小蚂蚁》(*Hey, Little Ant*),作者:菲利普(Phillip)和汉娜·霍斯(Hannah Hoose)

▶▶▶ **方法**

说:共情意味着与他人建立联系,感受他们所感受的,不要作评判。就是把自己放在他人的位置上,试着从他人的角度来看问题。

将以上表情符号发给学生,帮助学生清楚理解以上面部表情代表的感受。让学生与他的搭档分享其中一个表情和它所表达的感受。分享故事,在故事中模拟共情反应。

▶▶▶ **玩"我脸上是什么表情?"的游戏**

学生们围成一圈,低头看地板。游戏开始时由一个学生想出一种情绪,做一个相应的表情。这个人轻碰他旁边一个人的肩膀，旁边的这个人就抬头看并做出同样的表情。第二人继续轻碰他旁边一个人的肩膀，将这个表情传递给下一个人。一直到表情传了一圈。当每个人都参与了表情传递之后，第一个表演者说："我脸上是什么表情？"其他人就做出这个表情，然后一起分享讨论与这个表情相关的感受。

读菲利普和汉娜·霍斯的《嘿，小蚂蚁》。在这个故事里，小男孩为了给朋友留下深刻印象试图把蚂蚁压扁，但当小蚂蚁和他说话时，他学到了关于共情和换位思考的经验教训。阅读中，停下来要学生说出蚂蚁和小男孩的情绪各是什么。鼓励学生运用表情符号来表达男孩与蚂蚁的感受。让学生写下或者画下故事的结尾，表达他们从中学到了什么关于共情的事。

因学生年龄不同变化形式进行延展性练习：让学生创作一个关于共情的课堂社交故事，对故事内容进行角色扮演，并表达共情。学生表演不同情形时把照片拍下来，然后让他们配上解说文字或者脚本。比如，照片中的学生摔倒了，擦伤了膝盖，作业做得很糟，课间丢了玩具，朋友离开了自己等。

>> **检查理解情况**

检查学生自创的《嘿，小蚂蚁》故事结尾，看看他们是不是理解了共情。

更多关于共情的参考书目

《站在我的立场上：孩子学习共情》(*Stand in My Shoes：Kids Learning About Empathy*)，作者：鲍勃·索伦森（Bob Sornson）

《隐形男孩》(*The Invisible Boy*)，作者：特鲁迪·路德维

希（Trudy Ludwig）

《红色：蜡笔的故事》（Red: A Crayon's Story），作者：迈克尔·豪尔（Michael Hall）

《仅仅因为》（Just Because），作者：安伯·胡塞（Amber Housey）

《市场街最后一站》（Last Stop on Market Street），作者：马特·德·拉·佩尼亚（Matt de la Peña），插图：克里斯蒂安·罗宾逊（Christian Robinson）

《阿莫的生病日》（A Sick Day for Amos McGee），作者：菲利普·斯蒂德（Philip C. Stead）

《敌人派》（Enemy Pie），作者：德里克·蒙森（Derek Munson）

更多向学生示范共情的方式

"故事团"	运用故事团（StoryCorps）App 让学生们相互采访对方的感受、生活、经历。
角色扮演	给学生描述一个棘手的场面，要他们运用共情和善意来表演出结果。
苏格拉底式问题讨论法	运用诸如苏格拉底式问题讨论法等技巧帮助学生讨论自己的思想和看法。通常，只有少数几个学生像往常一样在班上发言。这种方式可以保证每个学生都有发言的机会。
媒体	查找一些微电影、歌曲、TED 演讲、故事或者其他媒体资料来分享关于共情和善良的信息。与学生一起分享，帮助他们讨论，要求他们以日记的形式写下自己的感受。

（续表）

工程项目	当学生发现社会中产生广泛影响的问题，并提出解决方案时，他们正在训练共情。鼓励学生设计一个项目，这既有利于学校，又有利于社区。这也是将共情研究与STEM（STEM是科学science、技术technology、工程engineering、数学mathematics的首字母缩写）学习结合起来的很好方式。
共情作者	给小点的学生写一本关于共情的图画书。让大点的学生描述自己经历的棘手情景，并讲述另一个人的善意和共情如何帮助他们渡过难关。学生可以画下这本图画书，并读给书友听。
"共情博物馆"网站	访问empathymuseum.com网站。观看共情博物馆（Empathy Museum）为传播共情而为不同项目拍摄的短片。对在学校或者社区传播共情的方式进行头脑风暴。
"纽约人"网站	"纽约人"（Humans of New York）（www.humansofnewyork.com）是一个记录全纽约和世界范围内人们影像和故事的项目。在这个网站查找一些适合校园的例子与学生分享，然后要他们在自己的社区拍摄图片、收集故事。讲故事是讨论共情和建立联系的极好方式。
他人的鞋子：换位练习	学生从教师提供的鞋子里选一只，想象一下别人穿这只鞋的感受。学生自己创作一个人物，并从这个人物的视角写作或者讲述一个故事。学生们相互分享自己的故事，找出他们的鞋子故事间有什么相似点和差异，反思他们如何与穿不同鞋子的人建立联系。
反思性练习	介绍名言："不要对一个人作出评判，直到你穿着他的鞋子走上一英里。"请学生们用自己的话解释这句话的意思。帮助他们讨论这个概念。可以问些这样的问题：穿着别人的鞋子走几步路和走一英里有什么区别？"每个故事都能从两面看"这句话与共情有什么关系？还有其他什么名言名句可以让我们想起共情练习。

成长型思维训练 2

课堂上可用的另一个共情练习是共情自我评估。你可以运用以下问题启发学生写日记或者检查学生对以上课程的理解。运用这些问题让学生探讨自己对共情的态度。

- 你是个会共情的人吗？
- 你如何知道某个人表现出共情心？
- 会共情的人一般有什么行为？
- 描述、写下或者画下能表达共情的方式。
- 同情与共情有什么区别？
- 为什么共情很重要？

让学生就以下每个陈述做"对"或"错"的选择，完成共情的自我评估。

共情自我评估

	对	错
我会考虑别人的感受。		
我通常会思考假如我也处于这种情况会是什么感受。		
我经常说的话是："嗯，至少你……"		
我懂得每个人都以不同的方式经历一些事情。我力求理解别人的观点。		
当我听到别人分享的故事时，我常想让他们感觉好点，能快点好起来。我会想一些话说，以帮助他们渡过难关。		
我努力倾听或者感受别人正在经历的事情。		

继续努力在个人关系中、学校里或者更广的范围内强调共情的价值。每天示范共情，并认识你在学校里看到的共情行为。

修复性司法

任意一天在美国的任意一所学校里，都可能有一个学生因为被留校察看而没来上学。留校察看在我们的学校里非常普遍，而且还在呈上升趋势。事实上，11%的学生在学校期间的某个时候会被留校察看。[51] 但是越来越多的人质疑留校察看是否是一种有效的惩罚形式。

《纽约时报》2013年的一篇社论称，试图打击20世纪80年代青少年犯罪率和像科伦拜恩高中大屠杀这样的校园暴力事件促使学校训导方式发生了变化。

"一个不幸的结果是学校的环境越来越压抑，在这种环境中，年轻人因一些轻微的捣蛋行为如顶嘴或扰乱课堂而被留校察看，被开除，甚至被逮捕，这本可以由校长来处理。"《时代》社论委员会写道。[52]

留校察看人数的上升产生了一些严重的意外后果。留校察看导致学业成绩较低，并且带有种族偏见，拉美裔和非裔美国学生被留校察看的比例与其学生占比不相称。例如，根据教育部收集的数据，黑人学生只占公立学校学生的16%，但是留校察看的比例却占了42%，他们被开除的可能性是白人学生的3倍。当一名学生被留校察看或开除时，他们最终可能进入青少年司法系统的比例也是白人的3倍。[53] 学生一旦进入少年司法系统记录，他们就更有可能继续与成人司法系统接触。这个现象被称为"学校—监狱通道"。

对学校官员来说，借助留校察看的纪律制度来处理学生的行为问题，而不是解决问题，也许更容易一点，但如果持续下去将对学生产生严重后果。倡导者推荐了一个减少留校察看的方法：修复性司法。修复性司法很好地说明，对学生表示共情或者无条件正面关怀可以带来很好的效果。

什么是修复性司法？最基本的说法是一种学生和教师通过对话和交流来解决冲突的方式。例如，两个学生打架了，修复性司法程序将包括促使两名学生就导致事件的诱因、对事件的感受以及如何处理进行交流。这个过程的目的是重视学校这个团体，促进学生间的共情和责任感，并把重点放在交流而不是孤立上。[54、55]

修复性司法的例子说明，采用共情和人本主义的纪律制度可以带来积极的效果。在一项研究中，[56]研究者为老师提供"共情条件"，让他们参与一个70分钟的干预。在干预中，他们从学生角度分享故事，展示积极的师生关系可以带来的好处。那些具有负面或破坏性行为的老师，并未被告知停止训导学生，他们只是获得了关于发展共情，与学生保持良好关系可以促进学生成长的信息。教师们也被要求进行反思。另一组不在"共情条件"中的教师，则没有获得任何信息。接下来，研究者观察课堂的效果。研究结果让人震惊。经历共情条件的教师班上，学生被留校察看的数目减少了一半。另外，之前曾被留校察看的学生说他们感觉得到了老师更多的尊重。[57]

小结：共情值得我们努力

实践共情是非常困难的。有些时候，每个老师都会让挫折发挥最大的作用，我们也都明白这一点。但是，很明显的证据是，努力在你的课堂上实践并示范共情和无条件正面关怀能带来很大的不同。这并不意味着你不管教，也不意味着你不让学生对自己的行为负责。这不意味着你不会失望。感觉失望没有问题！只对当下的情景感到失望。对行为感到失望。但要明白孩子是他们的经验之和，而且行为几乎总是一种应对机制。所以不要对孩子感到失望，相反，给他们提供支持。找到充满共情和爱心的方式来对待学生，即使是对最难缠的学生，你会看到，这些努力会在学生更好的行为、更牢固的人际关系、学校给你和学生带来的快乐上体现出来，当重点从处理行为转向支持学习和成长时，这一变化将为成长型思维的浮现铺设道路。

第 8 章

营造快乐、合作的课堂

> 如果一朵花不开,你会去改善养花的环境,而不是花本身。
> ——亚历山大·登·海耶勒(Alexander Den Heijer)

如果有谁曾认为迪士尼世界是地球上最幸福的地方,那他显然从来没到过谷歌公司的总部。当我们想到办公大楼时,很多人想到的是装满压抑小隔间的水泥建筑,荧光灯通明刺眼,但谷歌的工作环境却不是这样的。从广阔的绿地到滑板车和自行车,从绿色的室内丛林到舒适的沙发和协作空间,谷歌以其古怪的工作环境而闻名。这样的工作环境旨在促进创造力和协作,他们称这有助于提升生产力和工作满意度。如果学生得每天来学校,难道我们不希望把他们安顿在一个自由创造和合作的环境中吗?为学生提供一个交流合作的地点和空间就是为学生创造了一个了解自己、了解彼此的环境。投资于创造快乐、合作的课堂意味着投资于学校的社交资本,也就是说,投资于人际关系,这会让我们的课堂体验更丰富、更有成效。在这一章中,我们将探讨如何给我们的学生创设快乐、合作的课堂,以及为什么我们应该这样做。(提示:这是因为他们值得拥有!)

课堂里的优先次序

你也许不相信教师可以从鸡的身上学到如何创建快乐、合作的课堂,但你错了。普渡大学遗传学教授和研究员威廉·缪尔(William Muir)设计了一个通过对鸡进行实验来检验繁殖理想性状也就是优生学的研究。他的想法很简单:从鸡群中挑选出最多产的母鸡(在鸡的世界里,生产力通过生蛋的数目来衡量),以此来创造出一个新的超级多产鸡群。同时,他任意选择了一群鸡,几代下来都不加以干预。理想的结果应该是,挑选出的这些"超级鸡"自然会生产出另一群超级鸡,而这将检验选择最理想的成员和高质量的性状会产生更好鸡群这个理论。

但这个假设被证明是错误的。

自然繁殖的那群鸡经过了几代之后变得生机勃勃。群体繁殖能力高达160%,小鸡们一个个身强体壮,羽翼丰满。而超级鸡的命运则并不那么幸福。剩下的3只超级鸡(6只被其他母鸡斗死)几乎没有什么羽毛,并且还在不断受到攻击。

这是为什么?

"每个笼子里最能产蛋的母鸡是最大的恶霸,它通过抑制其他母鸡的生产来达到自己最大的繁殖能力。"缪尔写道,"欺凌行为是一种可遗传的特质,而且几代下来足以产生一种精神变态症。"[58]

首席执行官兼作家玛格丽特·赫弗南(Margaret Heffernan)在她题为"忘记工作中的优先次序"的TED演讲中描述了这个实验及其结果。[59]她把缪尔的研究结果与工作效率相提并论,说超级鸡很像工作中的超级明星。赫弗南认为，我们在商业、组织甚至社会中使用超级鸡模型已经有一段时间了，我们相信选择最好和最聪明的员工意味着更高的生产力。

"我们一直认为，挑选出超级明星——最聪明的男性，或者偶尔是女性，把他们放在一起，并赋予他们所有的资源和权利，就能够成功，"赫弗南说，"而结果和威廉·缪尔的实验一样：攻击、功能障碍和浪费。"

同样，教师经常将资源给班上的"超级鸡"。研究显示，老师们对他们认为很聪明的学生寄予厚望，在课堂上更频繁地叫他们回答问题，和他们讲话的频率更高，也给予他们更多的关注和爱护。[60]这种在课堂选择"超级鸡"，并给予更多资源、时间和关注的行为往往导致学生间的竞争。学校对竞争并不陌生。学生们经常按照分数和表现来排名，或者指定毕业演说者，或者是荣誉获得者，或者是每月之星。但这些竞争是有益的吗？

竞争驱动的环境通常就是许多人所说的"传统"课堂，在这种环境下，高分学生因为个人成绩得到奖赏，因优异表现被挑选出来作为良好行为、才智和领导力的表率。但这种模式往往滋生固定型思维。首先，没有被作为超级明星选出来的学生会感觉自我价值丧失、愚笨或者不中用。在竞争型课堂里，没有人会庆祝测试中得了72分的成绩，哪怕是从58分提升上来的，所以努力有什么意义呢？从逻辑上说就是这样。这些学生中的固定型思维可能会阻止他们努力学习，尝试新的挑战，或者甚至完全导致放弃学业。而另一方面，那些被作为课堂超级明星选拔出来的学生开始因为总要保持最好的成绩而压力重重。在此情形下，学校变得更少关注成长而更多关注输赢。如果你赢了，就意味着别人输了。高分学生的这种固定型思维会导致一系列负面影响，如无法从失败中恢复过来，或者被别人比下去后感到压抑和痛苦。

你记得那群普通鸡吗？——没有掉一地鸡毛，没有母鸡尸体成堆？是什么让这群鸡的繁殖力比超级鸡大那么多？赫弗南在演讲中说，因为这些鸡不用歇斯底里，想尽办法超越其他鸡，它们可以很轻松地正常作息、和谐相处。她指出，麻省理工学院的一项研究着眼于群体动力学。在这项研究中，研究人员邀请了数百名研究对象，将他们分成几组，并给他们一个难题来解决。他们发现那些设法解决难题的群体具有一些决定性的品质，这些品质都跟高智商没有太多关系。

- **群组成员有相同的发言机会**。没有一个人独自驾驭整个谈话，也没有一个人是纯粹的过客。
- **群体表现出社交敏锐性**。也就是说，他们都很注意对方的情绪和需求。这些群组的成员在衡量共情的测试中得分很高。
- **群组中女性成员更多**。赫弗南认为因为女性在共情测试中得分更高，因此具有更多女性的群组可能"共情商数翻倍"。

根据这个信息，赫弗南得出结论说，我们相互间的人际关系在我们工作和生活中意义重大。如果学校是真实世界的反映，那么为学生创设机会进行协同合作而不是相互竞争对未来的成功至关重要。赫弗南发现组员们相互帮助并建立了良好的关系后，他们更可能寻求帮助，倾听对方的意见，参与坦率却富有成效的冲突当中。相反，如果组员们都只从自己出发，他们就未能积累任何社交资本——赫弗南将之描述成"用以建立信赖的互助相依"——当需要所有人同心协力的时候，在组员之间积累了社交资本的组织就有了动力。她曾访问过多家著名影视公司或者代表性的创新性企业，意识到产生巨大作用的是积累社交资本，不是挑选出超级明星，是重视协同合作，不是突出个人成绩。

"我们需要重新将领导能力定义成创设条件让每个成员共同进行勇敢的思维活动，"赫弗南说，"我们需要每个人，因为只有当我们肯定每个人的价值时，才能解放能量、释放想象、充满干劲，去创造不可估量的最好成绩。"

要在学校创设这种条件就意味着我们需要创设一个以成长型思维为中心的课堂。在这种环境下，每个人都能贡献自己的一份力量，共情是核心的价值，合作而非竞争是通往成功的冲锋号。在这一章中，我们将谈论通过建立人际关系、确定个人目标、制定孕育相互帮助的课堂规则来创造快乐、合作的课堂环境，从而实现社交资本的积累。

营造共同体意识

课堂上的共同体意识对于培养学生的成长型思维至关重要。如果在他们的学习中未能感觉到别人的支持或者感觉难为情，学生们就不太可能在学习中接受新的挑战或者是冒险。我们所说的"课堂共同体"是什么意思呢？想象一下开学第一天新班级里的情形。你在门口和学生们打招呼，会看到各式各样的态度、性格、风尚、价值观或者信仰。你会看到一些学生穿着最漂亮的衣服回到学校，从精心挑选的铅笔盒里取出削尖的铅笔；另一些学生则头发没梳，袜子穿错，一脸苦哈哈地告诉你:"我宁愿去拔牙也不愿读书。"有些孩子想要给你留个很好的第一印象,还有些则立马挑战你的底线。学生们有着各自的家庭问题,各种各样的兴趣、热情和爱好。有些学生的家长在家里就重视教育,一些家长则对学校教育表示深深的怀疑。学生们有的有趣、有的矮小、有的富于创造、有的时尚、有的虚弱、有的带着酒窝、有的开心、有的孤僻、有的温厚、有的目中无人,各式各样,鱼龙混杂,正向我们走来。我们的任务是帮助他们建立联系,形成学习的共同体。课堂建立在学生间的相互关系上,创造课堂共同体意味着找到让各类相互冲突的兴趣、思想和生活方式聚集起来的方法。

正确开启课堂共同体,我们建议以下3个步骤:

1. 创造机会了解学生,并让学生们相互了解。
2. 要求学生制定年度目标和计划。
3. 以小组为单位制定课堂协议。

建立一个课堂共同体可能很棘手,但必须从第一天开始。我们喜欢在开学的第一天就加入大量"了解你"的策略和"团队创建"游戏。老师不仅要了解学生,而且还要让学生相互了解。这样做我们就为建立牢固的关系奠定了基础。这里有一些帮助你开始的有趣策略和想法。

"了解你"的策略

策略名称	描述
相同点与不同点	这个活动可以以几种形式进行，比如运用一把大降落伞的形式，让学生们围着降落伞各自占据一个点。当听到别人说"我有一条狗""我曾去过几个其他州"，或"我是碧昂丝的粉丝"时，如果赞同就跑去相应的地点，以此展示学生们的共同之处。如果不赞同，则站在原处不动，直到听见自己赞同的陈述才跑过去。这个活动可以展示学生间的相同点与不同点，也可以让孩子们动起来。
上公交，下公交	指定教室或者操场上的某个区域为"公交车"。学生们通过上下"公交"来开始这个活动。设计者制定公交的某一边为参与者的出口。比如，你希望去博物馆，那么就设定右边为下公交的地方。如果是参加体育赛事，则需要从公交的左边下车。一旦参与者下了公交，你就要发出指令或者提出供思考的问题，让他们以小组为单位来思考。
个人记录、日记或周记	给学生提供写日记的机会。可以是个人反思，给老师写信，对名言的思考，或者更明确、直接的问题帮助老师深入了解学生的兴趣。学年开始时允许学生用自己的方式装饰自己的日记本，这可以反映他们的性格。
与学生们交流	在门口或走廊上与学生们打招呼，叫出他们的名字，与他们击掌、碰拳、拥抱、握手。注意运用肢体语言表达你很开心看到他们，欢迎他们来上课。
团队方法	不用代词"我"，而是用"我们"。确保你的语言包含所有人。团队方法可以在课堂上建立积极的相互关系。
坦诚相待、分享经历	与学生分享合适的个人经历。你经历的一个困难时期，你曾犯过的一个错误，你如何学习新内容。一次误解或者你曾取得的一次成功。与学生坦诚相待，或者分享你人性的一面可以帮助他们与你建立更好的关系。

也许开始的时候你会遭到白眼——尤其是来自年龄稍大的学生——但是花些时间创造机会让学生们更多地了解你也了解彼此对于建立学习共同体至关重要。当学生们展示自己有趣的细节和他们的兴趣爱好时，一定要对他们的共同点和不同点表示祝贺。努力让学生和志趣相同的同学交流，不要忘记将学生们的兴趣与你的联系起来。如果你发现课堂里有学生对某个人特别狂热，记得在这一年中，利用这种相互兴趣来加深彼此的关系。

设定灵活的目标

罗马哲学家塞内卡写道："当一个人不知道自己驶向哪个港口时，什么风都不是顺风。"换句话说，除非我们知道自己的目标在哪儿，否则世界上所有的条件都不会真正发挥作用。目标的形式多种多样，可能是纯学习上的（"我想学长除法"），可能是社交目标（"我想交个新朋友"），可能是关于性格改造的（"我想变得更善倾听"）。要实现这个目标，第一步是把它们写在纸上。

对一些学生来说，设定目标比另一些学生更困难。许多学生走进你的课堂时，都不清楚他们想要做什么，或者认为他们根本做不了什么。帮助学生尽早设定目标是建立课堂共同体的关键。让学生了解在开学几周制定的目标可能会随着时间的推移而改变这一点很重要。它们在 10 月和 4 月看起来可能会是不同的，这是件好事。允许学生设定灵活的目标，监控他们的进展，随着时间的推移，对他们设定的目标重新定位，这对建立学习共同体很重要。如果我们不允许成长改变我们的想法和心灵，我们会让学生们感到窒息。以下是一些可以帮助学生设定目标的策略：

写下目标并坚持	一旦学生精心制定了明确可行的目标，并清楚地写了下来，要他们把它贴在桌上或者文件夹的封面上，这样就可以每天提醒自己。
与他人分享目标	将学生分组，让他们相互分享自己的目标，这样他们就会知道别人的目标在哪儿。这样做可能激发学生间的灵感，也可以提升达成目标的责任感。
写下 SMART 目标	与学生一起写下 SMART 目标（明确性 Specific, 可衡量性 Measurable, 可操作性 Attainable, 现实性 Realistic, 时限性 Timely）。这样，在从头到尾完成目标的过程中，学生们就可以为达成目标制定可测量的计划。
将大目标细化	如果学生制定的目标真的很大，帮助他们将之划分成易于管理的小块。让他们划块的意思是制定更小更易达成的目标。

策略聚焦
制定课堂协议

创建快乐、合作课堂程序的最后一项就是制定课堂协议。确保在你开始讨论协议之前学生们已经写好了自己的目标。问问学生，要实现目标需要老师和同学提供什么帮助？与自上而下强制执行的规则不同，协议是学生们提出来并达成一致的行为准则。我们在这里给大家制定课堂协议提供了一些参考建议：

- 决定协议可能属于哪些类别。例如，你可能会引导学生只采用仁爱尊敬、职业道德和个人责任等类别的协议。

- 尽量避免无关紧要或愚蠢的规则，比如"每天只上两次厕所"或"每个人周三都穿粉红色"。协议应该是更宏观的东西。
- 一旦达成协议，考虑将它们放到课堂的任务说明中。经常提到它。

这些协议不仅仅是普通的课堂规则和建议。它们很重要！用一套清晰普遍的价值观念和原则来精心管理课堂生态环境，这是学生需要执行的行为之一。它为每天的学习和成长提供了舞台。我们知道有一位老师制定了一套家庭作业协议——学生们逐字琢磨出来的优秀家庭作业指南——之后，提交家庭作业的学生人数大幅增加，作业的质量也提高了。

还记得超级鸡吗？不像普通鸡，超级鸡作为一个工作小组是不成功的，因为它们没有建立社交关系。课堂协议可以帮助你的学习团体积累社交资本，尤其是让成员们都重视达成的协议，努力对自己负责，也对他人负责。

值得信赖很重要

社交资本的核心是信任。关于教育中有一句古老的格言，尽管我们不能确定它的出处，说的是："学生们只有知道你多在乎他们时才会在乎你懂多少。"当我们确定这本书的目录的时候，我们不断回到课堂人际关系的价值。事实上，这本书几乎所有的想法都会使人际关系得到提升，即使不能完全达到理想状态。

师生关系稳固，成长型思维就会蓬勃发展。这种关系建立的基础是信任。对于一个喜欢和别人交往又有爱心的老师，学生很快就会动起来，但如果这种热情很明显是虚假的，固定型思维就会出现。同样，一开始学生们可能会被一个看起来严格死板的老师所打击，但在某个时刻他们会发现，这个充满热情的老师是他们教育和福祉的忠实守护者。关键是，真正的关系需要时间来建立，如果没有建立在信任之上，再好的关系也会很快土崩瓦解。

你听说过著名的棉花糖试验吗？斯坦福大学的心理学家瓦尔特·米歇尔（Walter Mischel）在20世纪70年代设计了一个实验，将学龄前儿童单独安置在一个观察室里，研究人员在孩子面前放上可口松软的棉花糖。[61]研究人员告诉孩子，他（她）现在可以吃棉花糖，或者，如果他（她）愿意等到研究人员回来再吃的话，他们就会得到第二个棉花糖。如果他们吃了第一个棉花糖，就不会有第二个了。然后研究人员把孩子和棉花糖留在观察室里，透过双面镜进行观察。

自然，形形色色让人好笑的反应随即上演。为了不想那个棉花糖，孩子们想出许多有趣的方法，有的唱歌，有的在一旁玩耍。有一个孩子舔了一下棉花糖的底部，又小心翼翼地放回碟子，将舔过的地方隐藏好以免被发现。有些孩子选择了"眼不见心不烦"，干脆将棉花糖坐到屁股下面。当然，也有孩子受不了诱惑，一口把棉花糖吞进了肚子里。设计这个实验的目的是研究孩子们如何延迟满足感，以及自制力和意志力的表现。研究人员随后用多年时间追踪这些孩子成年后的情况，他们发现那些能够等到第二个棉花糖的孩子——展示出自制力、努力延迟满足的孩子，通常有更好的未来。

当然，棉花糖实验也有反对者，许多人声称，这个实验更体现出孩子们对权威的理解，而不是代表自制力。[62]2012年发布的一项研究显示，棉花糖实验的结果可能更多受环境而非先天意志的影响。

罗切斯特大学的研究人员西莱斯特·基德（Celeste Kidd）设计了一项实验，该实验将评估环境因素是否影响棉花糖试验的结果。[63]研究人员将学龄前儿童分为两组。但是在棉花糖测试开始之前，所有的孩子都参与了一个在纸杯子上画画的活动。

在第一组，研究人员想创造一个不值得信赖的环境。所以，他们给孩子们提供了一盒用过的蜡笔。然后他们说，如果你们愿意等一会，就能用到更好的蜡笔。几分钟后，研究人员空手回来，说："对不起，我犯了一个错误。我们没有其他的蜡笔了。"他要求孩子们还用旧蜡笔。然后研究人员在桌上放了一个贴纸，他说孩子们可以得到更多的贴纸。再一次，研究人员空手回来，解释说贴纸一定是用完了。在第二组孩子中，研究人员两次都按照承诺的那样提供新的蜡笔和更多的贴纸，因此与孩子们建立了良好的信任感。

在建立了值得信赖和不值得信赖的环境之后，棉花糖测试开始了。同样的方案：孩子可以立即吃掉棉花糖，或等待15分钟，研究人员会带来第二个棉花糖。

第一组经历过不值得信赖的环境，吃棉花糖的平均等待时间是3分钟。第二组经历过值得信赖的环境，平均等待时间为12分钟。第一组14名儿童中，只有1名等待了整整15分钟后得到第二个棉花糖，而第二组的14名儿童中有9名等待了15分钟。那么，这个研究告诉我们的是什么呢？在给定的环境中，信任水平和可靠度会对结果产生很大的影响。

问问自己，你的课堂是否是一个值得信赖和可靠的地方？你经常按你说的去做吗？你经常违背对学生的承诺吗？特别注意那些会降低课堂信任系数的行为，这将对教学效果产生很大的影响。

小结：快乐的学生 = 更好的成绩

你是如何努力使课堂变得更开心的？关于你所建立的课堂环境，诚实地回答以下问题，做一个自我反思。

课堂上我如何鼓励学生参与表演？

我如何鼓励学生的创造力和好奇心？

我如何鼓励学生自我发现？

我如何给予合作机会？

成长型思维训练 2

我在课堂上创造了什么样的舒适环境?(他们能自由地在教室里走动吗?有灵活的座位吗?)

我如何让学生分析他们自己的资料、跟踪他们作为学习者的进程?

我在课堂上采取了什么具体方法来积累社交资本?

我如何努力在我的课堂上培养诚信、可靠和相互依存的关系?

我如何描述我的课堂上整体的基调和氛围？

如果你发现了需要改进的地方，寻求资源或导师帮助，在你的课堂上建立积极的理念，以便让它成为更开心的地方。教育研究者已开始研究快乐在课堂里的作用，早期的研究结果显示，更快乐的学生往往学习成绩更棒。[64] 试着问问学生他们最喜欢学校的什么，他们很可能会说和同学玩或者交流。如果你在课堂上培养了牢固的人际关系和朋友关系，你的学生就会在学习环境中有更多的正面体验。同样，如果你问老师们最喜欢学校什么，他们很可能会指向自己的学生。所以，投资高质量的师生关系和生生关系，积累社交资本是很有意义的。这种投资很可能带来很大的回报。

第 9 章

增加参与

告诉我，我很快就忘；给我讲讲，我可能记住；让我参与，我才真正学会。

——富兰克林

卡莉上 5 年级时，科学课是一天中最令人兴奋的部分。从饲养帝王蝴蝶到培养皿里不断增长的霉菌，再到让各种东西冒泡、沸腾、爆炸，她的老师费舍尔女士有一种创造魅力科学课的天赋。卡莉知道科学意味着乐趣，在这种情况下，乐趣也意味着学习。等到了高中化学实验室，卡莉是踩着铃声进去的，还要强迫自己不要在这难熬的 90 分钟里睡着。实验复杂难懂，一点也不像费舍尔女士的课堂令人沉浸其中。这里有的是大量笔记、幻灯片，还有需要记忆的术语。与许多其他高中学生一样，卡莉从内心里不想学习科学课。

高中的无聊不是什么新鲜事。根据 2013 年盖洛普学生年度民意调查，近 50 万美国学生中，每 10 名高中生中只有 4 人表示他们在学校有参与感。[65] 在小学，每 10 名学生中有 8 人觉得有参与感。那么，5年级和高中之间到底差别在哪里，让像卡莉这样的学生感到没有灵感，不能很好地参与自己的教育？这一章中，我们将研究一些实证策略，以提高学生在学校的参与度，从而为学生提供更有吸引力、更有效的学习体验。

更好的方式

当他们开始注意到美国课堂里发生的一些值得留意的事情后，哈佛大学教育研究生院的贾尔·梅塔（Jal Mehta）和萨拉·法恩（Sarah Fine）正在研究"有力学习"——一种特别能引起学生共鸣的深度学习体验。[66]在数学、科学和历史等核心课程中，学习往往是以老师为中心的——老师是主体，而学生充当观众，偶尔也会参与一下。在以教师为中心的课堂上，学生的工作主要是做笔记，完成分配到的任务，被问到问题时回答问题。相反，研究人员注意到，当学生参加选修课和课外俱乐部（他们选择参加的课程，如音乐、辩论和艺术）时，他们的参与度要高得多。研究人员指出，学生们热切地参与其中，甚至在这些班级和俱乐部中寻找领导角色。那么，梅塔和法恩想知道，是什么造成了这种差别？

研究人员发现学生们在这些"外围空间"（他们用以描述选修课和课外俱乐部的术语）中的经历与他们在核心课程中的经历存在许多方面的差异。关于"外围空间"，以下是研究者发现的特点：

- 学生们是自己选择参加外围空间的教育，而核心课程则是被强制参加的。
- 很多的团队合作，较少重视个人成绩。

- 在学习中，有许多担任领导职责、与同学合作学习的机会（比如，学生们可以教其他人，或者相互学习）。
- 这些活动往往与课堂外的美国文化（比如，体育、音乐、政治等）相呼应。

梅塔和法恩认为，例如，在音乐剧这样的课堂里，学生们有机会创作自己的作品，从最初的演员确定到表演之夜的谢幕都由自己决定。而在核心课程里，他们没有得到同样的机会来体验整个的创作过程。高中生不太可能在校期间发现数学定理或在科学上取得突破。研究人员将这种外围空间的教育称为"学徒学习"，或是在"做"中"学"。通常，这些选修课的老师本身就是这种艺术的学习者。艺术老师在周末开画廊（这与她的学校任务是完全分开的），或者音乐老师在当地的唱诗班里唱歌，或者乐队老师在当地的摇滚乐队中表演，都是再平常不过的事情。而你很难找到数学老师兼职做数学家，或者生物老师业余给别人治病。研究人员推想，作为这个行业的学习者，教师们在校外担任的角色可以帮助他们保持鲜活的视野，能对本领域学习者表现出共情，并对他们表现出更好的认同。

当他们开始理解核心班和外围班之间的区别时，梅塔和法恩注意到最有影响力的核心课程的老师，正是围绕着真正的体验来组织教学。最有效的教师不是教的内容最多的老师，而是帮助学生在规则的限制下获得成长型思维的老师。这种方法似乎能更好地吸引学生了解课程内容。梅塔和法恩还认为，学生自己的选择也是影响课堂参与的因素：学生参与一个吸引他们的话题，其参与度就高。他们还提供了最后一条建议："最重要的是，课堂的理念要与人们在竞技练习或剧院彩排中发现的理念相一致——把玩乐与目的结合起来，把温暖的热情兴趣与高冷的理智需求结合起来。"

思考梅塔和法恩的观测结果，想想你如何从学生的选修课和课外活动中吸取元素，来提升课堂中学生的参与度。当你反思自己的课堂实践时，完成以下自我检测。

提升参与度：自我检测

问题	反思
"学徒学习"给予学生通过自身经历进行学习的机会。在我教授的课程中，什么才是一个人真正的经历？我如何才能将这种经历纳入课堂，并满足我的教学目标，同时给予学生真正有意义的体验？	
给学生机会，让他们感觉对学习的参与度更高。我如何才能既完成教学目标，又激发学生的兴趣与热情？	
我怎么变成我这个专业的学生？为了能获得体验，更好地了解学生，我可以上在线课程或者挑战自我学习本学科的新知识吗？我可以为学生营造一种学习体验，让自己也作为学生参与其中吗？	
如果我是这个学习团队的指导老师，我如何才能让成员们学中有乐？哪些是对学生们来说很难驾驭但又是必须完成的学习目标？我如何才能加入享受和快乐的元素来调和这个难点？	

花几分钟时间反思一下自己的教学经历，考虑一下为何学生对课外活动和选修课程与核心课程的参与存在差异。很多人的童年都有这样的经历，我们可以连续练习几个小时来改进自己跳投的水平，但星期六早上六点参加辩论锦标赛却是被拽着起床的。思考一下是什么驱使你在课外活动中格外卖力，然后想想如何才能把这种精力用到课堂上。

"超越平均"的教师

哈佛大学教授托德·罗斯（Todd Rose）说，无聊的对立面不是娱乐：是参与。[67]两者很容易搞混。如果你曾经尝试通过视频游戏教历史事件，或者把莎士比亚的作品改变成说唱的形式并表演出来，你可能以为自己是在让学生参与，其实你真正做的只是让他们短暂娱乐一下。那么，参与具体是什么？我们给了一个简单可行的定义：参与就是学生全身心投入学习之中。

我们在思考创设让学生参与并有真正体验的学习时，许多老师（在这次评估中也包含了我们自己）不可避免地落入只为"平均"水平的学生设计的陷阱之中，而不是设计一种开放的形式，让每一个学习者都能以独特而又有意义的方式产生共鸣。

罗斯花了很多时间研究社会对平均值的痴迷。他写了一本书，名为《平均值的终结：我们如何在一个重视同一性的世界中取得成功》(*The End of Average : How We Succeed in a World that Values Sameness*)，书中认为，我们许多机构的建立都是以平均水平为基础的。他用空军的一个事例来加以说明。[68]空军注意到，在20世纪50年代，感到控制飞机很困难的飞行员越来越多，他们认为这是因为20世纪20年代最初设计的标准化驾驶舱太小了。在飞行员平均体型增大的情况下，小型座舱的设计导致了飞行员的错误。空军决定为50年代体型变大的飞行员新造驾驶舱，于是他们对4000名飞行员进行了10个方面（身高、体重、胸围等）的测量，根据这个测量结果，他们推算出了一个平均体型的飞行员在每个方面的数据。之所以进行这样的推算，是因为他们认为，大多数飞行员在大多数方面的数据都会在平均值以内。

而实际情况并非如此。没有一个飞行员的10个方面都落在平均值之中。当他们试图在3个方面寻找符合平均值的飞行员时，发现只有3%多一点的人符合。他们这才意识到，每个飞行员体型的大小各不相同。有些人长胳膊短腿，有些则上身粗壮，根本不存在平均水平。所以，空军很快明白了，不是要打造适合平均体型的驾驶舱，他们要求制造商找到一种方法来制造适合各种体型飞行员的驾驶舱。一夜之间，驾驶舱就变成了像可调节的座位一样。

罗斯将空军和现代教育系统相提并论，认为我们需要将战斗机驾驶舱的灵活性运用于课堂。如果我们针对"平均"水平的学生设计课堂环境，最终会让许多孩子失去机会。罗斯认为，人的能力参差不齐，意思是说，有些事情是我们擅长的，有些事情却不那么擅长。在一些科目上，我们很容易赶上，一些科目上却存在困难。罗斯说："如果我们忽略这种锯齿形特征，最终就会从一个角度对待他人。"[69]

罗斯说，解决"平均"问题的一个办法是创造一个适合每个学生的灵活课堂环境，而不是强迫学生融入单一的课堂环境。罗斯在高中时的GPA成绩只有0.9分，后来他退学了。为什么？因为，根据他的说法，他不适合读书。后来，当他明白自己的能力也是参差不齐呈"锯齿形"时，他通过利用自己的强项，同时了解自己的短板采取措施加以弥补，最终获得了成功。

事实上，在以成长为导向的课堂上，摒弃"平均"的概念是成功的关键，但在经常专注于标准化的教育行业中，要尊重学生的个性存在体制上的障碍。放弃"正常"或"典型"学生的观念，教师就可以开始思考让学生获得开放式的学习经历，在这种经历中学生会展示不同的激情和技能，也以不同的方式从中受益。

单点规则

假设杰克逊先生想到了一个很棒的团队合作项目。这个想法让他干劲十足，而且他也确信班上的孩子也会爱上合作，并会积极参与这个项目。于是他坐下来开始把项目的各项规则都写下来，但很快他对这个项目的激情就开始减退，并且他也很清楚，如果他将这些规则告诉学生，学生们也会毫无兴趣。他写的东西是这样的：

是的，亲爱的读者，因为我们喜欢你，也不想要你耐着性子读完这些规则，所以故意写得模糊难辨。但我们俩中的一个人就这样写过。哎呀呀！

这个规则相当具体详细，但你很容易就会发现，这些要求大大缩小了学生的表演平台，限制了他们能做的事。现在，思考一下，如果杰克逊先生能考虑到托德·罗斯说的人的能力是参差不齐的会怎么样？如果不是列出全面的详单，干涉学生完成项目可能做对或者做错的事项，而是开放性地让学生自己发挥想法、才能和创造力，写出的规则会是怎么样的？这时候他可能需要单点规则。

在美国的课堂上，分析性规则已经成为主流。它就学生如何展示其掌握的某种技能提供了详细的指导，非常棒。理论上说，这些评估规则以主观评分为主（如项目和论文），给成功制定了很清晰的准则。但在实际操作中，这些规则因为过于详细而变得对教师和学生都不起作用。老师花了大量时间来制定这些规则，学生收到后则只是两眼发直。如果真有学生去阅览这些规则，那也只是着眼于"符合标准"或者"超过标准"这两项内容，以便很快断定出底线在哪里，而不是费神去看过量的无用细节。

像这样的规则属于自上而下的学习方式，规定完成某项任务、活动或者作业的正确方式。但我们知道，讨论某个主题或者展示某种技艺的方式其实是很多的。详细的规则不重视从多角度进行学习，相反，它们详尽地描述某一种成功的策略，提供单一的获取通道。很容易就看出，因为学生没有空间进行即兴发挥，而是忙于让自己的工作符合所制定的狭小规则，分析性规则将严重挫败学生的创造力。而成长型思维将帮助我的制定能为成功提供多种途径的指导方针。我们来看单点规则。

单点规则制定了执行标准，同时允许师生间的讨论和反馈，还为学生如何达到标准提供证据。不像分析性规则，单点规则没有对成功的限制。学生可以通过很多方式取得成功，而不仅仅是通过由教师设计的某种特定方式。同样，老师也不需要想出各种学生达到标准或者超越标准的途径，而是利用节约下来的时间在项目开展过程中与学生交流互动，并在项目结束时为学生提供有用且相关的反馈。

那么，让我们回到杰克逊先生的好想法。他决定让学生们分组制作播客，让他们"采访"一个历史人物。他不是对播客制定各种规则，而是设定最低的标准来让学生发挥创造力。他的单点规则中有一个"尚未完成"的栏目，给那些没有达到标准的学生提供建设性的反馈。还有"证据"和"高级"两个栏目，用于描述如何满足或超过标准。单点规则看起来是这样的：

单点规则

尚未完成 有待改进的地方	条件 执行标准	证据 达到条件的方式	高级 超越条件的方面
	执行 学生声音清晰，播客录制有粗略的脚本依据，所有学生都要参与播客制作。		
	内容 包含引发思考的问题和解答，且基于真人真事真地点。 对话围绕主题。播客需有抓住听众的开头和结尾。		

（续表）

尚未完成 有待改进的地方	条件 执行标准	证据 达到条件的方式	高级 超越条件的方面
	制作 长度可控，能吸引听众。所有声音都要清晰可辨，音量合适，并且配有相关的音乐背景或其他声音背景。		

这样是不是更好？他的学生依然有操作指南，知道播客中必须包含的内容，杰克逊先生也有了为这个项目提供反馈意见的平台。花点时间思考一下你目前运用分析性规则进行的项目或者任务。尝试填写以下单点规则的空白处来指导项目。[70]

尚未完成 有待改进的地方	条件 执行标准	证据 达到条件的方式	高级 超越条件的方面
	掌握条件 #1： 描述执行特征		
	掌握条件 #2： 描述执行特征		
	掌握条件 #3： 描述执行特征		

多维度教学与学习

我们知道有着很强成长型思维的学生往往学习成绩良好，但对固定型和成长型两种思维在课堂中是如何形成的不那么了解。研究者凯西·刘·孙（Kathy Liu Sun）博士在她的博士研究过程中发现，当数学教师采取多维视角来看待这门学科，也就是说，他们带着有许多"做"数学和解决数学问题的假定来看数学，那么教师就向学生传达了成长型思维模式，学生就会采取类似的多维方法来学习数学。[71] 另一方面，采用一维方法来看数学（假定只有一种正确的方法解决一个问题）的教师经常将固定型思维传递给他们的学生。多维方法带来的优异成绩表明，数学中的成长型思维促进了学生的进步。

《数学思维模式》（*Mathematical Mindsets*）一书的作者乔·博勒（Jo Boaler）在她的网站 youcube.com 上写道："数学是一个美丽、开放、创造性和多维度的学科。但是学校所教的数学经常没有启发性、按部就班、呈一维特性——都是背诵方法和方程。"[72]

博勒认为，现实世界的数学远不是一维的，学校里教授的数学往往不能反映 21 世纪的职场如何运用数学。但是这个论点也适用于数学以外的其他学科。努力激发课堂上的好奇心，培养通往成功的多种途径是多维教师的标志。

心理学教授乔治·斯拉维奇（George Slavich）创造了"变革式教学"这个术语。[73] 斯拉维奇谈到了他自己的教育之旅，他进入大学时认定自己会学商务专业。当没有商务专业供本科生学习时，他转向了经济学。经济学课程进行到一半的时候，他确信自己的老师毫无启发性，认为这个专业不适合他。抱着好玩的心态，他和一个朋友一起去上心理学课，在那里他遇到了约翰·加布里埃（John Gabrieli）。加布里埃给斯拉维奇上的心理学入门课趣味无穷，他展示论题的方式激发了学生们的好奇心，让他们渴望学到更多的东西。斯拉维奇于是从经济学转到了心理学，但他经常想，如果他的经济学老师像他的心理学教授那样激发学生的热情会怎样？

"从这段经历中,我意识到枯燥的教师不仅使学生远离某一特定主题的学习,更糟糕的是,他们面临着学生们普遍都不想学习的风险。"斯拉维奇在一篇题为《论成为心理学教师》(*On Becoming a Teacher of Psychology*)的文章中写道:"热情的教师有相反的作用:他们改变学生内心的一些基本东西,培养继续学习的激情。"

一维教学法很少引发人们的好奇心和求知心。当学生们有参与感时,对一门学科的热情就会发展起来,没有什么能比学习中的单一、封闭型思维更压制学生的参与。考虑去尝试激发兴趣和好奇心的策略吧。

让学生参与的策略 [74,75]

分享你的学习热情!	让学生看到你对这门课程和学习感到有多兴奋。你的积极性和热情是有感染性的。
灯光,摄像头,行动!	用关键问题激活学生,一段视频,或者一个目标指导,包括让学生进行反思的机会,围绕某个概念让学生参与讨论。
鼓励有价值的失败,提供支持。	用提问鼓励学生完成任务或进行进一步的研究。确保提供范例,明确教会学生如何克服困难。
综合运用技术手段。	有意识地运用 Poll Everywhere、Padlet 或者 Nearpod 等技术,提高课堂效率,增加学生参与度。
提供合作、练习和表演或展示的机会。	设计课程时,允许学生和同学合作,并让他们向相关的观众表演和展示学习成果。
增加课堂活动量。	增加活动以帮助学生获取新的信息,给予学生活动和分享的机会。上下跑动、表演、交谈都可以让学生的身体参与进来,也可以让他们的精神参与进来。

（续表）

培养你与学生的积极关系，为学习营造成长型的环境。	学生在这个学习环境里感觉舒服和受欢迎。这在很大程度取决于教师对学生的反应和行为表现，与教师的积极互动将增加学生的参与度。
提出问题后给予充分的时间让学生思考和回答，提供周到的回应和反馈。	给学生一个合理的时间，等待他们设计答案和问题，将学生的反应作为一个机会，引导他们提出进一步的开放性问题，增加学生的参与。注意回应的时候充满好奇和兴趣，增加提问或者进行成长型对话，而不是用"好样的"或者"想法有意思"等含糊不清、没有意义的话语来回应。
检查课堂上转换的速度。	保持课堂向前推进，但不能快得让那些需要更多时间融入新课程的学生感到挫折。
始终以学生为中心。	利用实验室、学习中心或者小组讨论的形式让教学以学生为中心。
增加有目的的笔记，为学生提供更多组织学习的方式。	明确的教授，示范，并让学生参与学习，利用几个笔记记录模板增加学生参与度（如康奈尔笔记法 Cornell Notes、便携式笔记、图标绘制、教师准备的笔记法、速记法）。
转身，教！	运用非语言的图画、手势或者肢体动作，教师提供少量的信息，然后说："转身，教。"学生听到命令后转过身，通过模仿老师来教他们的搭档。比如：在教水循环的时候，可以唱一首歌并配上动作。将歌曲分成几个部分，给学生转身教搭档的机会。焦点应该集中于学生如何朝着目标进步。学生是学习的驱动者，教师只是引导者。

小结：承认和接纳差异

教育研究者肯·罗宾逊爵士（Sir Ken Robinson）以他关于教育改革充满激情的演讲和书籍而闻名，他说："人类社会依赖于多样化的人才，而不是能力的单一概念。"[76] 当我们建立的是一个同质化的课堂时，我们就错过了培养人类最重要和最独特的品质：好奇心、求知欲和激情。在此之前我们说过，参与就是学生全身心投入学习之中。每天努力把课堂上的材料与学生天生的好奇心和求知欲联系起来。承认他们作为个体的差异和特殊性，将使整个班级的学习经历独特而有价值，从而让学生全身心地参与进来。

第 10 章

登月行动

> 我们最深的恐惧不是我们太弱小，而是我们过于强大。
>
> ——玛丽安·威廉森（Marianne Williamson）

有一种源自科技和太空旅行的理论，叫"登月思维"。那些前卫的思想者，例如谷歌创始人之一的拉里·佩奇（Larry Page），对登月思维奉若至宝。历史上任何有价值的成就都离不开这种思维，这种思维也为佩奇和他的团队取得的不可思议、难以置信的技术进步铺垫了基石。在过去的10年里，我们见证了技术的巨大进步，以及这种进步怎样全方位地改变了世界。而与此同时，今天的教育模式却看起来与50年前的教育模式有惊人的相似。拉里·佩奇曾说："总是要努力做一些令人不舒服但却令人兴奋的事情。"教育工作者们，是时候离开我们的舒适地带，把目光放在月球上了。

什么是登月行动？

X，之前叫谷歌X，是由谷歌建立的一个研究项目和开发机构，目前正专注于进行10×（10倍）的更新——也就是说，不是以10%的速度进步，而是要实现10×的进步。拿20世纪60年代的太空旅行为例，在肯尼迪总统宣布美国准备第一个实现载人登月时，他其实根本就不知道要如何来实现。而一旦目标树立，人们就开始围绕目标聚集，然后在短短10年内，就将之变成了现实。正像X所描述的，登月行动就像"生活在大胆的科技与纯粹的科幻小说之间的灰色地带"。就是受到登月思维的启发，肯尼迪说出了"我们做事不是因为它们容易，而是因为它们很难"的名言。

那么，校园里的登月思维是什么样的呢？你能想象生活在大胆的科技与纯粹的科幻小说之间的灰色地带会怎么样吗？还有，你如何在学生身上启发登月思维？这群年轻人终将在某一天长大成为他们时代的拉里·佩奇和约翰·格伦（John Glenns），这就是为什么我们必须尽早并且经常强化这样一种观念：任何事情都是可能的，甚至是那些我们还不敢梦想的东西。梦想家们坐在我们面前，期待着我们给予他们灵感、指导，甚至是允许他们去大胆思考。也许，激发大胆思维的最好起点就是帮助我们的学生培养成长型思维。

登月思维模式

把成长型思维作为你个人和课堂运作方式的一部分，就意味着接受你永远不可能真正知道结果是什么。知道，或认为自己知道，就会产生限制，而限制就会形成固定型思维。正如卡罗尔·德韦克在《终身成长：重新定义成功的思维模式》中所写的，"一个人的真正潜力是未知的，是不可知的。多年的热情、辛劳和训练会带来什么成就是根本无法预测的。"

10% 的教师不会去找麻烦。他或者她只会投入让小幅度的成长变得可能的时间——足够让学生通过考试，表现良好，在体制中顺利通过。艾略特（T.S. Eliot）曾说："只有那些冒着风险走远的人，才有可能知道自己能走多远。"10× 的老师是敢于冒险的人，他知道结果可能不像测验分数那么立竿见影，非黑即白，但这并不重要，因为测验分数并不代表游戏结束。10× 的老师会忽略反对意见："学生太小，不能理解！""目前的状态还不适合改变！""我们一直都是这样做的！""主管部门永远不会批准的！"相反，他们勇往直前，在难以预料的结果面前坚信潜能的力量。

把登月思维看作是对学生的未来下赌注。确实，你已经下了一个非常真实的赌注：你已经将自己的一生赌在帮助学生取得成功上。所以，通过限制他们成就的潜能来禁锢他们或者你自己，都是与你刚从事教育这一行当时所下的赌注相悖的。你还记得，当初自己笃定地说："我来这儿是为了做出改变。"问题来了，你如何才能让自己的潜能最大化来获取最大的回报？在学校里，"破坏"通常不是个好话，说得多了，你可能就会被请进校长办公室，但是把它放在更大的文化语境里，"破坏"意味着改变现状的创新，通常可以让生活变得更美好，更有价值。教育系统似乎看起来已经熟透了，可以破坏了。

你去访问 X 的网站（又称登月工厂），他们通常会提供一个维恩图（Venn diagram）来阐述登月蓝图。我们在下面的课程方案中仿写了一个，但你可以在 x.company 网站上在线查找原图。

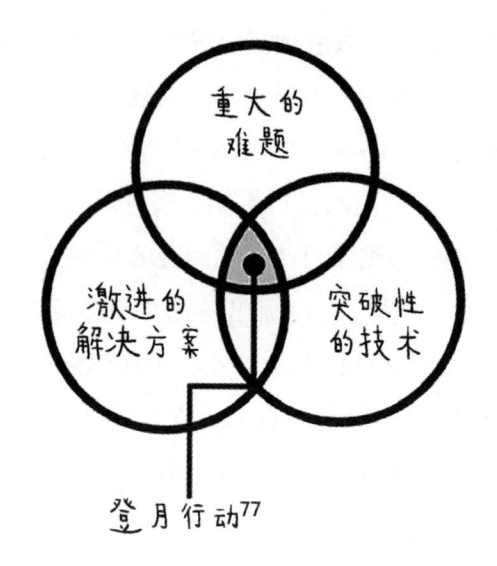

```
        重大的
         难题

  激进的        突破性
  解决方案       的技术


       登月行动[77]
```

首先，团队会寻找影响数百万人的巨大难题。然后，他们会设计一个激进的解决方案，这个方案如果只使用今天已有的工具是不可能完成的。他们说，许多的解决方案更像是科幻小说。接下来，X 团队会确定一种当前的技术，这一技术可能不完全是他们正在寻找的技术，但它提供了实现未来解决方案的可能。是的，听起来很疯狂，但也非常酷，对吧？以下是 X 公司目前正在进行的几个项目：

气球项目（Project Loon）——一个在平流层盘旋的气球网络创建的一个无线网络。这个项目旨在为生活在世界各地偏远地区的数十亿人提供互联网。

马卡尼（Makani）——在发现传统风力涡轮机效率低下之后，马卡尼团队开发了能产生更多电力却使用更少材料的能源风筝。

羽翼项目（Project Wing）——这个项目使用自动飞机（遥

控飞机）向人们运送货物，希望减少道路上许多造成污染的送货车辆。

X网站上提供了公司正在进行的许多项目信息，包括一些已经成功的项目如自动驾驶汽车项目（Waymo），以及从海水中制造燃料的探索。我们设计了一堂微课，目的是让学生参与到登月思维的过程中来。但首先，有几个注意事项。

这堂课因为许多原因会比较难。我们发现年幼的学生——幼儿园和一年级的孩子——因为还没有产生浓重的实用主义思想，所以容易接受登月思维。但通常，年长一些的学生（当然包括成年人！）要像登月思维那样以科幻小说的境界来思考则具有难度。像成长型思维一样，登月思维是一种思维模式。如果学生无法超越现状，他们就很难设计出目前还行不通的解决方案。年幼的学生则很少因为现实的局限受到约束。

在下面的课程设计中，我们请你向学生提问，引导他们站在一个生活在20世纪60年代的普通人的视角，并第一次听到把人送上月球的想法。那个人一定觉得这听起来很荒谬！但荒谬并不能阻挡那些具有登月思维的思想者，而是鼓舞了他们。不到10年后，这些思想者在大胆的登月目标激励下，把肯尼迪总统的梦想变成了现实。对于那些持怀疑态度的学生来说，你可能需要提供更多把不可能变成可能的事例。1900年，能飞行听起来很是荒谬，但莱特兄弟在1903年做到了。在1950年，人们可能认为想登上珠穆朗玛峰就是想找死，但埃德蒙·希拉里（Edmund Hillary）爵士和夏尔巴·坦辛·诺基（Sherpa Tenzing Norgay）于1953年征服了珠穆朗玛峰，并活着回来告诉我们这个传奇故事。更近一点，2000年的时候，人们可能无法想象能够在网上订购几乎任何东西,并在两天内送货到家,但亚马逊已经将其变为现实。举出这些例子将有助于持批评意见的人敞开心扉,参与到登月思维中来。

登月思维小课堂

▶▶▶ 学习目标

这堂课结束时学生将能够:
- 理解登月思维的含义和作用
- 展示他们利用 X 模型开发登月思维的能力

▶▶▶ 资源和材料

- 电脑
- 陈述设备(投影仪、话筒等)
- 网络连接
- X 模型维恩图

▶▶▶ 方法

说:50多年前,也就是1962年,美国总统约翰·肯尼迪站在德克萨斯州休斯敦莱斯大学的讲台上,对全世界宣布,美国打算把人送上月球。(你可以在这里找到完整的演说:https : /go.nasa.gov/2mmq10G.)今天,这似乎不是一个激进的想法,许多宇航员都去过月球。但在1962年,当肯尼迪总统宣布在60年代末将人送上月球的计划时,却是一件大事。以前从来没有人这样做过!事实上,肯尼迪总统在他的演讲中说,完成这件事的技术甚至还不存在。尽管如此,他还是坚持这个计划。你认为人们对他在 1962 年宣布把人送上月球的计划会怎么看?(学生可能会回答:"你太疯狂了!""那是做不到的!""我们去争取吧!")

说:你猜怎么着?1969 年 7 月,就在肯尼迪总统承诺到期的 6 个月前,宇航员尼尔·阿姆斯特朗成为第一个在月球上行走的人。他甚至在月球上插上了美国国旗。对我们的国家来说,这是令人兴奋的一天。今天,我们回顾那段时间,肯尼迪总统把人送上月球这个不可能完成的任务成了革新和勇气的象征。这件事教给我们一点,任何事都是有可能的。我要给你们播放一段加利福尼亚一家公司的视频,他们基于肯尼迪总统将人送上月球这个想法创建了"登月思维"。(展示视频:X 登月工厂的"什么是登月思维?"——http://bit.ly/YU1grL。)

说:X 公司运用的是登月思维。我的意思是,他们正在用激进的方案来解决大问题,而相应的技术都还没有开发出来。这就像是科幻小说!让我们看看他们正在做的一些项目。

用一台电脑或指导学生使用自己的设备,导航到 X 公司的网站 x.company。根据学生的年龄,在这里,你可以做很多事情。对年幼点的学生们,点开项目链接,并进行讨论。Waymo(自动驾驶汽车项目)可能是一个很好的起点。让学生们浏览网站,或者在老师的指导下进行浏览。然后,介绍由 X 公司开发的登月思维蓝图:

成长型思维训练2

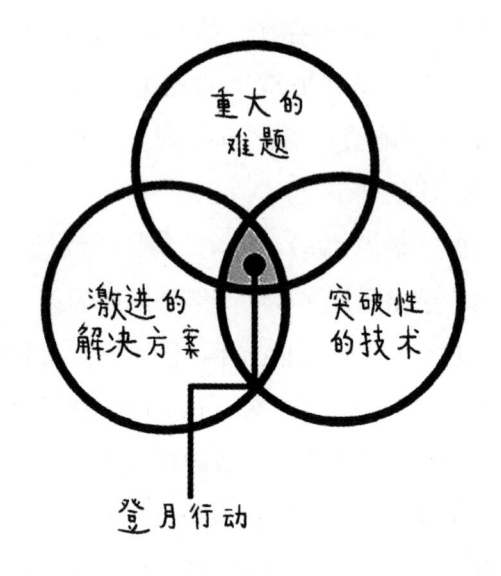

```
        ┌─────────┐
        │  重大的  │
        │  难题   │
        └────┬────┘
   ┌────────┼────────┐
   │ 激进的 │ 突破性 │
   │解决方案│ 的技术 │
   └────────┴────────┘
            │
         登月行动
```

说：X公司在运用登月思维的时候，他们会采用这个蓝图。首先，他们会想到一个重大难题——一个可以影响上百万人，或者某种情况下，影响几十亿人的问题——然后进行头脑风暴，想出解决难题的方案。我说的是那些重大、看起来不切实际的方案。比如，他们想将海水变成能源。你认为这其中的重大难题是什么？（学生可能回答："我们需要为汽车提供更多的能源。""汽油和燃气危害环境。""汽油是不可再生的资源，所以我们需要找到新的燃料。"）正确，这就是要解决的重大难题。所以，在这种情况下，他们想到的解决方案是什么？（学生回答"利用海水生产燃料"或者其他回答。）正确！你觉得为什么他们会选择海水？（学生可能回答："海水很多。""我们可以为车辆或者其他东西提供清洁的能源。""它可以取代污染环境、导致全球变暖的矿物燃料。"）对的，将海水开发成燃料有许多很好的理由！决定利用海水以后，他们会采取处理程序，从海水里提取二氧化碳和氢气；这就是需要突破的技术。最后，X团队成功地从海水里提取了燃料，但因提取的过程费用太昂贵，所以项目终止了。虽然探索没有取得成功，但他们大胆设想，取得的成就是前所未有的！这就是登月思维，你想尝试吗？

发放画有三个圆圈的维恩图，叫学生在一张纸上画上自己的圆圈。第一次，你可以给学生提供一个待解决的问题。可以是世界问题或者国家问题，城市问题或者是某个学校的问题，但他们要对许多人产生影响。我们在下面提出了一个清单供你选择，但我们鼓励你提出自己的重大问题，或要求学生想出他们自己想解决的重大问题。当然，年幼的学生可能没有解决贩卖女性或滥用毒品等问题的准备。注意你所提问题的年龄特性。如果学生对问题不熟悉，找一些能做出解释的视频或者文章将很有帮助。

思考全球性问题

- 每年有10万只动物死于塑料袋。
- 足球运动员在运动中受到脑损伤的情况越来越严重。
- 全世界有3 200万女孩无法上学。
- 蜜蜂数量在全球范围内正急剧下降。
- 在美国，大约有150万人无家可归。

思考当地的问题

- 我们社区的许多儿童没有钱上音乐课。
- 有些学生每天坐公共汽车的时间超过90分钟。
- 我们当地杂货店的食品比加工食品贵。
- 很难找到合格的教师在我们学校工作。
- 学生课本设计很差劲。

以小组合作的方式，让学生在维恩图最上方的圆圈里写下发现的问题。在左下方的圆圈里，让学生进行头脑风暴，想出尽可能多的解决方案，包括看起来不可能的方案。（比如，制造一群机器蜜蜂来取代消失的蜜蜂。）唯一的一个原则是任何想法都不算愚蠢——提醒学生，他们是在寻找激进的解决方案。10~15分钟头脑风暴之后，叫学生选择一个方案继续探讨。然后，在最后一个圆圈里，让他们写下可能会如何完成这个解决方案。鼓励学生大胆思考，不要考虑目前的科技局限。

当小组的方案大致成形时，请他们跟同学们分享。最好在开始的时候，全班讨论同一个问题，然后就不同小组提供的不同想法进行比较。以下建议可供调整课程计划以满足课堂需求：

- 让学生把他们激进的解决方案画下来。
- 允许小组设计自己待解决的问题。
- 每月安排一次登月活动来加强登月思维。
- 让学生单独完成活动或者小组合作，比较和对比这两种体验。
- 选择了一个解决方案后，让学生列出正反两方面的情况。
- 举办登月思维展览，学生团队合作解决问题，并展示自己的解决方案。
- 将登月思维纳入到以项目为基础的学习活动中去。
- 让学生采访某个参与登月活动的人物。（比如：询问某个曾经登上月球的人前后的感受；询问某个家长，看他们在孩提时是否相信iPhones手机会成为可能；等等。）
- 解决一个当地问题。让社区或者学校领导聆听一堂登月行动解决方案的报告会，并提供反馈。

▶▶ 检查理解情况

要求学生以日记的形式写下他们如何看待登月思维。以小组形式检查学生展示出来的对登月蓝图的理解。

策略聚焦

森林幼儿园教师伊莉莎·米纳库西访谈录

瑞士一家森林幼儿园在绿树成荫的风景中开设露天课程。佛蒙特州有一位名叫伊莉莎·米纳库西（Eliza Minnucci）的老师看完这部纪录片后感到很震惊，她也萌发了将课堂搬到森林里去的想法。获得当地一位有远见的官员的支持和当地慈善组织的资助后，米纳库西和她的同事梅根·蒂彻特（Meghan Teachout）采取行动，开始了"森林星期五"的活动——一周有一天，她的公立幼儿园学生冒险越过教室的四面围墙，与大自然融为一体。

米纳库西曾因参加"从头开始"（Head Start）项目在阿拉斯加的阿萨巴斯坎村支过教，那里非常偏远，至今没有自来水。她说，观看这部纪录片让她想起了在与自然联系最紧密的那段时光里，她感受到的快乐和满足。她非常想为自己的学生提供类似的体验，因为那曾给她留下了深刻的印象。

虽然米纳库西的"森林星期五"是让学生融入大自然的方式，但她也相信，在许多方面，森林对她的学生来说比教室更适合。米纳库西说，由于孩子们年纪小，还不安分，又整天被关在屋子里，她得花大量的时间处理各种行为问题，如坐立不安和其他形式的注意力分散。而把课堂搬到户外则满足了学生们对运动、跑步、玩耍和喊叫的内在需求。此外，森林环境允许学生探索他们的个人兴趣，让他们亲身观察和体验自然环境。

脱离教室的束缚，米纳库西开始注意到学习变得不可思议。她很快发现可以从室内课堂吸取经验——哪怕是预先编写好的教学资料——然后将其运用到户外的课堂，但效果更好。比如，在室内课堂米纳库西用不同颜色和大小的方块来教学生进行分类。而在佛蒙特州户外的森林里，学生们可以利用秋天的落叶来学习分类技巧。他们根据颜色、形状、大小来分类，还可以根据大自然母亲提供的无穷无尽的其他特点来分类。

"事实上，各式各样的答案激发了更多的思考，带来了更多的分辨，产生了更多的对话，学习了更多的词汇，"米纳库西解释说，[78]"开始一个学生按红、黄、棕三种颜色来分类，但接下来的那个孩子以橘色和浅棕色来分类，再接下来一个则可能以是否是'杂色'或者'一半深红，但颜色又还要深一点'来分类。大自然提供的复杂程度不断告诉孩子：继续观察！继续思考！继续尝试！"

学生在自然界中遇到的这种复杂性也有助于增强他们的成长型思维。米纳库西指出，孩子们面临的户外挑战比他们在课堂上面临的挑战更有激励作用。学生们并没有像他们在课堂上那样，追求外在的奖励，而是感到有能力应对户外的挑战，唯一的奖励就是一天的努力和自我满足感。米纳库西讲述了她幼儿园的孩子们在冬天下雪后去户外时所面临的身体挑战。

"在没过大腿的积雪中攀爬陡峭的山坡，对5岁左右的孩子来说很困难，"米纳库西说，"但没有一个人拒绝继续前行。"

事实上，学生们还承担了许多艰巨的任务，包括穿上合适的冬装，拖拉放在雪橇上的沉重物资，保持不动观察附近的鸟儿，还要连续几周建造坚固的掩蔽所。除了适应户外生活的生理需求之外，孩子们还在这种创新项目中对他们内在的自我了解了许多。

米纳库西说，孩子们在林子里应对挑战时产生了自信，然后把这种自信带回到课堂，用在了学习上面。他们关心朋友擦伤的膝盖或者扭伤的脚踝。而且，因为森林时间中没有那么多教室里的要求，孩子们有机会发展社交技能，创建自己的学习情景。

"孩子们很快学习到，在森林中拥有成长型思维很关键。"米纳库西说。虽然她的许多学生在野外很享受，但还是有几个孩子以固定型思维进入体验。这些孩子通常习惯于玩玩具或者视频游戏，但不久他们就与经验丰富的同伴们一起探索了起来。"

"户外提供了环境，鼓励孩子们选择适合自己的挑战，努力达成有益于自身的成就，"米纳库西说，"因为环境的复杂程度无穷无尽，这为发展成长型思维提供了很好的背景。"

米纳库西还进一步创建了"森林幼儿园"（forestkinder.org）网站来帮助其他老师将课堂搬到大自然。她的教育中所体现的理念是教师除了铺垫学习的基石，还可以达成更高的目标——那就是，为培养完整的人而作出努力。

"我们需要人们互相照顾，有创造力，能在不同群体中工作，能清楚表达自己；我们需要数学家、程序员、科学家、护士、电工、水管工，但我们需要他们成为完整的人，能采纳不同观点，忍受困难，直面挑战，并能创造性地解决问题；我们需要人们认识并珍惜让我们生生不息的自然资源。"米纳库西说道。

确实，每个像米纳库西一样的老师，他们都努力对学校和教育所要达到的目标有更深的理解，这会帮助他们离崇高的目标更近一点。

挑战工厂模式

我们知道，不是所有人都可以将课堂搬到森林里面。现在的课堂还没有远离多年前美国刚创建公立学校时制定的工厂模式，但我们可以在日益变化的环境中保持登月思维。你面临的挑战就是将登月思维在一个不利于这种思想的体制下传达给学生。你有机会利用教学让学生们看到他们学习的方式和缘由，鼓励他们大胆思考，提升成长型思维，这都会有益于登月思维的思考者。下面是一些具体的方式。

更多机会	通常，学校的任务有终结的时候，但如果我们更注重学习和成长的过程而不是为了完成任务会怎样？允许学生有更多机会展示自己的学习，提出更多的问题，形成解决问题的技能，这些都孕育出注重成长的文化氛围。通过发现问题，想象解决方案，思考不可能的方面，形成想法，获取反馈，重新思考问题和解决方式，建立原型，测试想法，在学习过程中进行反思来提供设计思路的练习，这将教会学生敢于冒险，同时探索登月思维。
整合科技	合理使用科技手段可以让教师受益。想象一下，学生们不是在地图上看加拉帕戈斯群岛，而是戴上耳机，亲自体验群岛的美？学生不仅了解恐龙，还能通过 Skype 网络与恐龙考古队的成员通电话会怎样？利用科技手段鼓励学生提问，参与思考，拓展新的视角，想象各种可能。如此，学生的信息储备就不会局限于一家之言或者某个人的观点了。
个性化和有激情的学习	给学生提供机会用自己的方式按自己的节奏进行学习。允许学生寻找自己有热情的主题可以为大胆思考提供跳板。

（续表）

庆祝卓越	在校园内外庆祝老师和学生走出舒适区域。歌颂挑战、失败和宏伟的想法，参加激发登月思维的活动。重新思考、重新装备、重新改造你们学校教育看起来、听起来和感觉起来的模样。想想不可能的事，脱离常规寻找舒适。
网络	思考范围超越你的课堂、校园、你所在的州和国家。无论伟大的思想出现在哪儿，追寻它；从不同类型的教育工作者身上获得启发。
赞美失败	在 X 公司，员工们经常因为早期的失败获得奖励。事实上，他们需要知道一个想法存在的问题，这样就可以在花费更多的投入之前终止它。尝试拆毁一个想法是 X 公司的第一步。如果团队成员找不出计划的漏洞，那么他们就知道有机会开展一次神奇的登月行动。
问题，问题，问题	问：如何在课堂上培养具有登月思维的人？ 答：鼓励学生提问。提很多问题！为什么？还有什么？……将怎样？还怎样？ 培养登月思维的关键是创建安全的提问环境。让学生学会不同的提问方式。提供机会引发好奇心。 ● 快速提问（学生在规定时间内提尽可能多的问题：在这段时间里不讨论，不评价，不回答） ● 对问题提出问题 ● 分析问题（开放或者封闭式问题） ● 将问题分类
让专家参与进来	任何时间世界各地都有人在从事不可思议的事情。通过网站寻找这些人，请求他们通过 Skype 与学生进行网络通话，进行"随便问"（AMA：Ask Me Anything）活动，或者给他们写一封信。提供真实的、与你们的主题相关的梦想成真的案例，登月行动变成现实，这会让学生感觉到自己的想法是可能实现的，仅仅阅读教材是不会有这种体验的。

小结：我们教育事业的登月行动

我们认为结束本章的最好方式是登月思维，所以回到当初的想法：分享登月思维视角下的教育是最合适的结尾。运用 X

公司的登月蓝图，我们发现教育中最大的问题是"美国传统的教育模式不再适合今天的学生"。然后我们进行头脑风暴，大胆设想可能改变目前教育模式的方法。这是我们所想到的：

- 教育始于家庭。每个家庭都应享有强制性的一年带薪产假和/或陪产假。每个社区都应该提供免费的项目来为父母提供教育机会。
- 应向每个儿童提供免费、高质量的幼儿教育方案。应制定政策，为社区和家庭提供必要的支助服务，以期将每个孩子的幼儿教育变成现实。
- 每个社区都应提供高质量、受过良好教育的儿童保育员进行自助性儿童看护服务。
- 幼儿教育专业人员、卫生保健专业人员、家长、儿童和其他利益攸关方应共同确定孩子的入学准备日期。当学生入学时，他们将开始一个个性化的项目，在这个项目中，他们以自己的节奏取得进步，而不考虑年龄。当学生通过学习取得进步时，应评估他们的学业和社交/情绪准备情况。
- 为每个学生精心制定个性化的学习计划。教师、辅导员、专家和其他学校工作人员应接受培训，以便将每个儿童视为一个具有独特需求、价值观念和学习目标的完整的人。
- 应建立一个全国性开放的教育资源库，使学生能够通过互联网访问与自己个性化学习计划相关的学习资源和主题专家。
- 教育应该由社会各界通过宝贵的共同努力来实现。地方团体、企业和政府应该创建项目，提供实习、学徒和指导项目，帮助学生寻找不同的职业道路，为社区作出有意义的贡献，并参与到真实世界的工作中来。

- 由高素质专业教师教授的全球性课程应该要通过慕课（MOOC, massive open online course, 大型开放式网络课程）让学生注册学习。慕课的概念扩大了学生能学习的课程的范围，让学生能参与自己选择领域的严格的学术性课程学习，而不是仅仅局限于本地能提供的课程。应提供在线助教，为学生在学习、社交、情感等方面提供引导和支持。助教不一定精通慕课上的主题，但应精通学习科学和行为科学。助教将帮助学生参与富有成效的学习，打磨问题，寻找资源，与同学交流，与教学材料、教师和同学进行积极的互动交流。

- 应该取消成绩。不是打分或者评定级别，而是将焦点转向收集定量和定性数据，观察个性化学习计划中所制定目标的进展情况。学生们在课堂应该关注"学习的科学"——正式学习如何成为问题解决者和批判性思考者。学生应该接受训练，与专业人士一同收集资料，评估自己的教育成果。

- 教师职业应该受到高度重视。师资培训应该是严格的，除了针对具体内容和年龄的培训之外，教师还应训练成为学习、行为和情感方面的专家。教师薪酬将与其工作的独特性和挑战性相符。

- 每一所学校都应有一个地方应急小组，他们能熟练使用数据和观察结果来对全校的情况进行诚实的自我评估。不同于那种惩罚性的全国测试项目，这里的焦点应放在自我的完善和成长上。应该提倡全国性的学术互助而不是让学校相互竞争，相互挑衅。学校将一起努力，相互帮助，解决问题，而不是掩盖问题、失败和错误来维持成功的假象。

你在教育上有什么样的登月方案？

- _____
  _____
  _____
- _____
  _____
  _____
- _____
  _____
  _____

当然，我们可以采纳这些想法中的任何一个，然后像登月工厂所做的那样开始挑毛病——那个想法不符合成本效益，这个主意不能真正帮助学生，这一点在目前的教育形势下行不通，基础设施不完善，等等。但登月思维必须开始于可能性。大胆思考的练习对我们的头脑有一定的帮助：它迫使我们用新的视角来看待形势，它让人怀疑，产生好奇，它让我们看到有更好解决问题的可能。描述一个详细的改变教育的登月计划是一本完全不同的书，但是，在起步阶段，我们的目标仅仅是锻炼大胆无畏的思考。

1962年，当约翰·肯尼迪站在莱斯大学的讲台上，告诉全国人民，我们要一起把人送上月球时，他只是有一个梦想。他不知道该怎么做，他只知道这将使整个国家团结一致。肯尼迪知道，将他的梦想变成现实并非易事，但他知道，超越现状的时候到了，要实现这一目标，所有的人都得上阵。

肯尼迪说："我们在这片新的海洋上扬帆起航，因为我们需要获得新的知识，我们需要赢得新的权利，我们必须赢得这些权利，并把它们用于所有人的进步。"他告诉观众，像把人送上月球这样大胆的目标是值得追求的，"不是因为它们容易，而是因为它们很难。"

是时候开始认真思考如何才能让教育变得更好了，为什么不攀登月球呢？

第 11 章

自我关怀与反思

优于别人并不高贵，真正的高贵是优于过去的自己。

——欧内斯特·海明威（Ernest Hemingway）

在这本书中，我们给了你很多关于如何将成长型思维融入你的教学的研究、想法、技巧和策略。我们希望你能得到一些有用的指导，或许就是改掉一些坏习惯，但我们知道，每一个读这本书的人都会有不同的感悟。为什么？因为你们每个人都有着非常不同的需求、需要与目标。如果我们在这里写的东西没有引起你的共鸣，而你唯一的感触就是悲伤于为这本书牺牲的那棵树，那也没关系。如果这本书是你的圣杯，是你为整个职业生涯一直在寻找的书，那就太棒了。我们写这本书，是因为我们接受了这些伟大的思想，通过成长型思维的角度来观察教学，也使我们成为教育事业更好的实践者。对于所有教师来说，这是一次深刻的个人旅程。本着成长型思维的精神，我们坚持你用自己的方式来定义成功，因为如果我们试图为你定义成功，那你必然又多了一层限制。我们不是都十分厌烦限制吗？成功对我们每个人来说都是不同的，只有前进或后退的轨迹是相同的。最后，只有一个人会决定你的影响力：你自己。你值得拥有自我关怀的尊重和自我反思的智慧，在这最后一章中，我们将对两者进行深入的研究。

你也很重要

老师每天花大量时间来处理别人的问题。无论是学生、同事、家长还是管理者，在我们的职业中，我们需要适应很多人。我们大多数人在从事教育事业的时候，都知道其他人也会参与其中，但这样的日子太过漫长，又很有挑战性，常常在精神上、身体上和情感上吸干了我们的养分，会让我们有一种不知所措、怀才不遇的不快感。当这种不愉快的感觉太过频繁时，他们可能就会从心底里开始放弃。这就是我们所指的职业倦怠现象。

在教师职业中，"倦怠"有很多负面的含义，我们经常用它来描述一个我们认为不再在乎的老师。但事实上，在整个教学生涯中，我们都会多次感到厌倦——考虑到这份工作的压力，这其实不足为奇。在教育下一代这个任务之上，教师需要处理各种各样的困难，比如处理棘手的人际关系，处理不可预测的行为，以及承担繁重的工作——所有这些都会导致情绪上的疲劳，研究人员把这与教师很高的离职率联系在一起。[79]但最重要的是，当倦怠出现时，我们能意识到它的存在，并通过自我关怀来逐步缓和这些症状。

自我关怀的研究者克里斯汀·内夫（Kristen Neff）说，实践自我关怀的人倾向于"在困难的情况下保持情绪平衡"，他还针对老师提出了一项由三个部分组成的计划，让老师实现自

关怀，并保持良好的工作／生活的平衡。[80、81]

内夫计划的第一个组成部分是实践自我友善。老师们整天对外表现出善良和同情，但他们却常常没有对自己表现出同样的优雅和爱怜。确保你的自我对话是积极和善良的。不要因为一堂课失败或与学生交流不畅而责备自己，带着爱护和同情与自己对话，就像学生在某些方面失败或者犯错之后你所做的那样。

内夫自我关怀计划的下一部分是承认我们共同的人性。这种"我们在一起"的态度可以帮助减轻任何一个老师的负担。通过分享共同的教育使命，建立自己和同事的联系，培养彼此间的同情心。如果曾经有一天你觉得只有你在与世界对抗，那么你要知道这种被孤立的感觉会产生一系列的情感后果。与其他教师交流，提供并寻求支持，鼓励行政人员为教师创造互相分享和支持的场所和空间。

最后，内夫鼓励教师练习正念。正念被简单地描述为对当下的觉知。对内夫来说，真正的正念是在忽略负面情绪和不被负面情绪压垮之间取得平衡。正如她所写的，"正念是一种非评判性的、善于接纳的思维状态，在这种状态中，人们观察思想和感觉的本来面目，而不是试图压制或否认它们。"

许多教师非常善于关怀他人，但他们对自己的尝试却没有给予同样的关心。在日常生活中引入内夫的三部曲，努力练习自我友善。以下是一些建议：

写日记	花点时间随便记录一下你的想法和感受，这能引导你发现自己的喜怒哀乐，不写日记是发现不了的。如果你觉得自己没有时间写日记，那就考虑买个每天写一行的记录本来开始，这样开始要容易一些。
练习沉思	在信息爆炸的时代，清空头脑进行沉思在开始的时候会让人感觉不舒服，但是安静思想和清空头脑可以让人冷静下来进行反思，还能减少焦虑和负面想法。如果你不喜欢沉思，试着寻求别人的指导来开始。
进行交流	互相分担重担是自我关怀的关键所在。考虑与其他教师围绕某本书开展读书会，就身体、精神和情感的需要来进行有效的交流。可以尝试内夫的《自我关怀的力量》(*Self-Compassion*：*The Proven Power of Being Kind to Yourself*) 或者是像帕克·帕尔默（Parker Palmer）的《教书的勇气》(*The Courage to Teach*) 之类的经典著作。（对了——开展暑期读书会是进行交流的很好方式，还不会增加你学期内的工作量）。
关心自我	从事教育工作是没有终点的，所以很容易做过头。在工作和生活上取得良好的平衡意味着你要挤出时间出来关心自我。不论你将自我关心定义为放纵自己（比如看场电影、修一次脚，或者度一次假），还是仅仅花点时间享受自己喜欢的东西（比如读读书，散散步，打一轮高尔夫），都要努力对自己好一点。

策略聚焦

我希望我的 _____ 知道

"我希望我的老师知道我有多么想念我的父亲，因为他在我 3 岁的时候就被驱逐到了墨西哥，我已经有 6 年没见到他了。"

"我希望我的老师知道没有朋友和我一起玩。"

"我希望我的老师知道，有时我的阅读日志没有签名，是因为我的妈妈总是不在我身边。"

每年，丹佛地区有一位叫凯尔·施瓦茨（Kyle Schwarz）的老师都会给她的学生发一张便条，并要求他们完成这样的短语："我希望我的老师知道……"[82] 阅读到有时令人心碎的回应让施瓦茨有机会深入了解自己学生的生活，这一点是她在第一次这样做的时候并没有想到的。

当然，有些回答比较轻松。

"我希望我的老师知道怎么做后空翻。"

有时，这些孩子的回应能清楚地表明学生在课堂上的需要。

"我希望我的老师知道，我不喜欢她别人做事的时候她能注意到，我做事的时候她却注意不到。"

交回便条的时候，施瓦茨让学生选择，写名字或者不写名字，可以只给老师看，也可以在同学中大声分享。在接受CNN采访时，施瓦茨对她的学生经常选择与全班同学分享表示惊讶。她开始在推特上贴出学生们的一些回应，标签是"#i wish my teacher knew"（我希望我的老师知道），并迅速走红，来自世界各地的老师起而效仿，纷纷发布他们的学生希望老师知道的东西。最近，施瓦茨出版了《我希望我的老师知道》（*I Wish My Teacher Knew*）一书，讲述她在科罗拉多州三年级课堂开展的这个小练习如何快速成为全面开花的运动的。

在她的书中，施瓦茨说，所有的老师都有能力学习如何建立一个促进交流的合作型课堂，建立关系、鼓励学生间的交流是教师角色的基本功能。施瓦茨写道："这些目标可能没有写在课程手册中，但它们与数学和科学一样对教育至关重要。"[83]

我们喜欢你和学生一起进行这项练习，但也觉得在老师中进行这项练习会很有趣。花点时间想想你自己在学校的人际关系，你希望别人知道你的一些事情是什么？完成以下提示：

我希望我的校长知道……

我希望我的学生知道……

我希望我的学生的家长知道……

我希望我的同事知道……

我希望我的家人知道……

这个练习是一种简单的日志记录，可以帮助识别我们的感觉。说出积极的感觉可以帮助我们更为感激；说出消极的感觉是找到补救办法的第一步。所以，如果你写了这样的话："我希望我的校长知道我觉得她不支持我"，试着列出其中的原因。

1.她只花了几分钟来评价我的教学，所以很难发现她对我的评价是可信的。

2.我觉得把所有最难教的学生都安排在我的班里而受到了惩罚。

3.我被"要求"加入了三个不同的委员会。我感觉太多了，尤其是目前我家里正好有事。

现在，考虑一下是否有方法可以解决这个问题。这个问题是可以解决的吗？例如，一位教师因为加入委员会而感觉压力过大，可能会写信解释他正面临着许多家庭责任，并要求让别人替换。或者，寻求公正评价的教师可能会邀请行政部门进入课堂，而不是等待预先安排的观摩。与其感到孤立和沮丧，不如采用积极的方式与外界交流，这样才能取得富有成效的进步，减少消极的情绪。

自我反思

自我反思是理解的关键。当我们反思我们的学习和实践时，我们可以更有效地改进我们的教学，避免未来再碰到同样的错误，发现隐藏的偏见或感情。当你反思自己的教学时，你很可能会想起那些让你频频摇头或者喃喃自语的时刻，"我当时在想什么呢？"你并不孤独，我们都有这样的时刻！我们都会感到沮丧，作出错误的判断，会时不时地做出一些愚蠢的事或说出一些愚蠢的话。但这些事情远没有拒绝承认它们那么具有破坏性。简单地说，当你知道得越多，你就做得越好。

我们鼓励教师坚持写日记，找一位导师定期见面，将你的教学进行录像，或以其他方式思考你的实践。这就是带着成长型思维进行教学的本质！通过这个反思，你将开始看到需要改进的地方，并且开始进入提升的过程。如果我们只让自己去想自己作为老师最好、最成功的瞬间，我们将无法成长。

精神病学家伊丽莎白·库布勒·罗斯（Elisabeth Kübler Ross）曾经说过："人就像彩色玻璃。太阳出来时，它们闪闪发光；但当黑暗降临时，只有屋子里有光，它们真正的美才能显现出来。"[84]

致力于一生的持续学习,并通过反思来改进你的教学能助长你内心之光的火焰。在你职业生活中的黑暗时刻,你的光明因你对无限成长和变化能力的信仰而持续不断。

在最后一章里,我们想重温本书中的每一章,以给你更多的练习。用你自己的速度完成这些练习。如果你需要重温这些主题,可以重新查阅相关的篇章。

前言　热身

在前言中,我们向你简要介绍了成长型思维。卡罗尔·德韦克在她的《终身成长:重新定义成功的思维模式》一书中指出,在五种关键情境下采用不同的思维模式会带来结果的巨大差异:挑战、挫折、努力、批评及其他人的成功。[85]以成长型思维或固定型思维来处理这些情境,结果是不同的。想一想在这些情境下的不同经历:你用成长型思维模式来处理,和用固定型思维来对待,结果分别是什么?比较结果是如何因为你思维导向的不同而不同的。

情景	成长型思维	固定型思维	结果
面对一个挑战			
克服一个困难			
必须非常努力学习做某件事			
接受批评			
看着他人成功			

思考你的思维模式如何导致不同的结果是发展成长型思维一种有意义的实践。思维模式几乎存在于我们所有的决定和行

动中，注意它在给定的情形下造成不同结果的能力是你更熟练运用思维模式来改善生活的第一步。

第1章 做最好的自己

在第 1 章，我们告诉你，我们的影响对学生的涟漪效应是未知的，也是不可知的。研究表明，童年的经历确实在很大程度上塑造了我们未来的生活。尽管我们无法预测我们今天对待学生的方式会对他们的将来产生什么影响，但我们确实知道，帮助他们了解自己对生活的掌控能力可以使他们一生都活在成长型思维当中。让我们刻意承担起这个使命吧！确定一些你可以立即付诸实施的策略，以便开始在你的课堂里融入成长型思维的原则。

成长型语言： 确定你将如何回应课堂中的错误、困难或失败。
评分： 思考一下你的评分将怎样反映成长型思维实践。为了突出成长你将要做些什么？
对过程表示赞许： 你会如何回应一个正在进步的学生？
与父母沟通： 指出你将如何让父母参与你的成长型思维课堂之旅。
学习： 确定你将如何把大脑发展和大脑具有可塑性的课程结合在一起。
反馈： 你如何提供既赞扬努力又鼓励成长的反馈？
合作： 你将如何与学校的另一位教育者分享成长型思维？

第2章 建立积极的关系

丽塔·皮尔森反复强调:"每个孩子都值得拥有一个冠军,一个懂得交流的力量,坚信孩子可以变成那个最好的自己的成年人永远都不会放弃他们。"[86] 在下表中列出你的学生的姓名,并确定每个学生的长处、局限和兴趣。想一想你如何才能由衷地与每一位学生建立联系,想想你能帮助他们成长的方式。

学生姓名	长处	局限	兴趣	我将如何帮助他/她成长
举例:萨姆	对同伴很友好,具有创造力和想象力	接受有挑战性的任务,成为一个问题解决者	篮球、阅读、与技术打交道	我将通过教他与同学一起或者独立完成计算机编程任务来帮助他学会如何解决问题。

第3章　头脑训练

教会我们的孩子认识他们大脑学习的方式是发展成长型思维一个关键的干预措施。学生必须明白，与学习有关的生物过程能够发生在他们自己的头脑中。"我不是学数学的料"是荒诞的，因为我们都有数以十亿计的神经元在大脑中等待连接，而帮助形成相互关联的是我们自己。此外，我们不能指望学生通过更多阅读或者更长时间复习学习指南来变得更好；我们必须提供有用的技巧和策略来帮助学习。如果学生不知道自己最好的学习方式，那任何学习都不能使信息保持在头脑里面。想想一些被证实的记忆和学习策略，比如检索练习，并创造一个 SMART 目标，并将它们纳入你的课堂。

首先，回答下面的每一个问题。

明确性（Specific）——你打算使用的策略具体如何描述？

可衡量性（Measurable）——你打算如何跟踪过程，向目标挺近？

可操作性（Actionable）——你将采取哪些具体步骤来实施和完成目标？

现实性（Realistic）——你需要什么样的资源和帮助来实现这个目标？

时限性（Timely）——你实现这一目标的最后期限是什么？

S _____
M _____
A _____
R _____
T _____

现在，用你上面的答案，写出你的 SMART 目标。

整合用来优化学生学习、有证据支持的策略，我的 SMART 目标是：

当你从传统的学习方法转向以证据为基础的方法来帮助学生真正学习知识时，创建新的目标来整合不同的策略。这种方法注重不同学习方式的价值，为学生提供一系列他们可以在未来学习任务中使用的学习策略。

第4章 使命：元认知

元认知被描述为理解和控制与学习相关的高阶思维过程，如安排、策划和评估过程。当学生有意识地进行学习，他们就能够把自己的学习看作是一系列的过程，而不是一种遗传天赋。此外，当他们精确地了解每个学习阶段什么策略最佳时，他们就能将这些知识应用到他们一生的学习情境中去。元认知要求一个人思考并询问自己什么是最好的学习方式。试着对你自己或在课堂上进行元认知提问：

- 你能定义你尝试解决的问题吗？
- 你会用什么策略来解决这个问题？
- 你希望看到什么成果？
- 你能想出一些步骤来达成这个成果吗？
- 如果你第一次尝试解决问题的努力没有成功，是什么阻碍了你？
- 你能做出什么改变来改善结果？
- 你如何利用这一经验来解决未来的其他问题？

元认知是一种既从局部又从整体来看待学习的方法。进行"真诚的,我"这个练习就是帮你这么做的。想象一下你即将离开学校,一个新老师会来接替你的位置。给新老师写一封信,解释你们班上的情况。学生们最爱什么?最具挑战性的事是什么?你有什么建议可以提供?

亲爱的老师,

真诚的,我

反思我们的长处和弱点,反思能将长处最大化或克服弱点的具体策略,这些对于成为最好的学习者至关重要。仅仅告诉学生(或我们自己)我们有能力成长是不够的;我们必须向他们展示如何发现有助于学习和发展的具体策略。

第 5 章 失败之后（失败是成功之母）

当你处于舒适区时，你很容易使用成长型思维，但只需走出一步，突然你就会更容易受到固定型思维的影响。当你走出舒适区的时候，你注意到自己的自我对话和前进的能力发生什么变化了吗？你害怕评判和失败吗？这种恐惧是如何表现出来的？不是变得失去控制、进入固定思维模式，而是制定一个计划来处理障碍和挫折。你将更有可能停留在成长型思维中，然后努力解决问题。

当你开始思考如何创建以成长为导向的课堂时，想想可能阻挡你成功的障碍是什么。创建"如果/那么"的场景来帮助你应对成长型思维教学旅程中碰到的困难。

举例：

如果/那么：如果我们学校没有其他老师对成长型思维教学感兴趣，那么我将通过推特为志同道合的教师创建一个社区，我可以向他们寻求指导、帮助和资源。

如果/那么：_____

如果/那么：_____

困难和失败是不可避免的。面对困难和失败，我们做出的选择最终会带来不同的结果。将困难看作学习过程的一部分，将课堂里的错误常态化，不要忽视失败——剖析它们！示范用成长型思维来应对困难和失败可以告诉学生，任何情况都可以是积极的，只要你愿意从中学习。正如温斯顿·丘吉尔的名言："成功并非最终结局，失败也不能置人死地：坚持下去的勇气才是最重要的。"成长型思维并不意味着完美，而是意味着有勇气继续下去。

第 6 章　羞辱游戏

羞辱对成长型思维有着深刻的影响。成长型思维的核心，是相信你的特质和品性可以随着时间的推移而得到发展。想想你感到羞辱的时刻。那一刻，你可能没有想过你能如何成长、改变，并将这种不幸转变成一个学习机会。不，你觉得自己是个没用的失败者，对吧？感到羞辱的孩子也有可能不会用成长型思维进行思考。这就是为什么意识到羞辱对于成长型思维课堂来说是必不可少的。

有时候，尽管通常是无意的，老师会让学生感到羞辱。我们微微的皱眉，一句轻率的批评，或者是贴在行为记录表上的一张哭脸贴纸，都会让学生在学校里体会到羞辱。试着从学生的角度来观察你自己，检验你的做法。向学校的有关部门借一个 GoPro 相机，让你的学生轮流整天带在身上。观察并倾听，看看你或学生是否会在你的课堂里无意中制造了羞辱行为，然后采取措施将之消除。

我注意到……

我能够……

我将会……

第7章 人际交流

在写作这本书的过程中，我们发现了一个事实：共情非常重要！当学生觉得你和他们一起感受时，你就能培养出更有意义的人际关系。你可以回忆一个你有同样感觉的时刻，来尝试看待学生所处的情景，认识学生的感受，然后采取措施表达你的共情。填写下面的情景来帮助培养你的共情技能，记住这是一种在课堂上快速识别学生感受、与他们共情的方法。

情景	学生可能感觉……	曾经我也有同样的……感觉	共情的反应将是……
课间，在操场上有个学生被另一个学生说成"又肥又丑"。	受伤的感觉，超低的自尊。	SAT考试中我因分数很低被一个朋友说很笨。	当一个人出言不善时我知道这很伤人。我想要你知道这都不是真实的，如果你需要我，你可以和我谈谈。
因为家长没有签字，有个学生不能参加野炊。			
有个学生吃午饭的时候打翻了盘子，当着同学的面将盘子里的食物都洒在自助餐厅的地板上。			
有个学生没有完成一项重要的作业。			

遇到问题时，想要立即给出建议来进行修复是很常见的。但要抵制解决学生问题的经常性冲动。试着与学生一起感受，而不是可怜他们。你可能会帮助他们自己解决问题，或者尽管没有解决的办法，在需要的时刻你能成为他们的好朋友。小小的共情行为可以让你和学生建立牢固的关系，示范共情也可能增加他们对彼此的共情反应。

第8章　营造快乐、合作的课堂

在课堂上积累社交资本是创建合作课堂的关键。在一个以成长型思维为核心的合作课堂中，每个人都感到有能力发挥自己的优势，改善自己的弱点。通过回答下面的日记提示，反思你课堂上的合作情况。

你以何种方式为学生提供机会建立人际关系，并以合作精神相互交流？

你会考虑如何在课堂上结合角色扮演或社交故事来说明学生之间的合作方式？

解释你如何创造机会让学生在课堂上练习积累社交资本。

当状况、冲突和分歧出现时，你如何处理？学生们知道如何最好地解决分歧吗？

学生们明白每个学习者如何从自己的位置开始，以自己的速度朝着个人目标前进吗？你如何教他们在发展和成长过程中彼此鼓励？

你如何确保课堂上的"超级鸡"不会得到大部分的时间、注意力和资源？扪心自问："我的课堂是一个公平的学习场所吗？"

_____
_____
_____
_____

第9章　增加参与

我们将参与定义为学生全身心投入学习之中。作为一名多维度的教师，你应该通过培养通往成功的多种路径，从而每天在课堂上在每个学生身上努力激发好奇心与探索精神。

使用单点规则来自我评估你教过的一堂课。你是如何超越参与条件的？你的"尚未完成"的方面是什么？你如何修改你的课程安排来达到标准？

尚未完成 有待改进的 地方	条件 执行标准	证据 达到条件的 方式	高级 超越条件的 方面
	课堂 课堂能抓住学生注意力，激发他们的好奇心，并提供大量额外的提问时间。课堂还要包括学生合作时间，以及拓展性学习机会。		

（续表）

尚未完成 有待改进的 地方	条件 执行标准	证据 达到条件的 方式	高级 超越条件的 方面
	传授 课程的传授应饱含激情、兴奋与热忱。学生们在新的学习氛围中与你真正进行互动。		
	活动 学生通过一系列的动觉和触觉学习操作、行动和程序		

虽然参与不应与娱乐混为一谈，但有一点是很清楚的：你对学习的热情会在你的传授过程中体现出来。兴奋起来！热情起来！参与进来！如果你不参与学习，对学习不感到兴奋，那么你的学生可能也不会。挑战你自己，进行自我反省，要求学生找到使学习更有吸引力的方法。

第 10 章 登月行动

在第 10 章中，我们向你介绍了登月思维。登月行动指的是用大胆的方法解决重大的问题。当你采用登月思维时，重要的是你不仅要了解做一件什么事，还要知道做这件事的原因。如果你能找出解决问题的理由，以及为什么这样做真的很重要，你就可以更坚定自己登月行动的意图和目标。回到第 10 章，回顾一下你记录下的登月行动。现在，写下你登月行动的原因——解释为什么将这个登月行动变成现实对学生和学校都很有价值。

我的理由

1. ──────────────────────────────
2. ──────────────────────────────
3. ──────────────────────────────

还记得肯尼迪总统在阐述把人送上月球的梦想时说的话吗？我们做事情不是因为它们容易，而是因为它们很难。敢于接受挑战，每天努力把登月变成现实，成为一位 10× 的老师。

现在，同学们，我们学到了什么？

来吧。我们已经到达旅程的终点，或者说是某种程度的开始。我们希望你已经确信将成长型思维纳入教学以及在课堂上教授相关的非认知能力是有价值的。我们希望你能成为一名在自己的学校里推广个性学习价值的影响者。我们希望孩子们走进你的课堂，他们能感受到你充分相信他们具有无限的潜能，而孩子们离开课堂时，他们自己也完全相信这一点。

你们中的一些人可能会在想：我是一名数学老师。我的工作是教数学。为什么我要做这些额外的事情？因为所有额外的东西，这些非认知能力，从长远来看非常重要。经济学家詹姆斯·赫克曼正在研究 GED（General Equivalency Development）考生——就是那些高中辍学，但通过同等学历考试获得了高中毕业证的人。那时候，他认识到，尽管 GED 项目参与者在认知上等同于传统的高中毕业生，但他们缺乏非认知技能，导致了后来的生活糟糕得多。[87]

赫克曼意识到，变得更聪明可能不是学校生活中最有价值的事情。他认为，因为 GED 证书的持有者们很早就离开了学校，没有机会通过参与学校活动获得有关的非认知软技能（毅力、勇气、职业道德、动机、时间管理、自我效能、人际关系技能），比较起真正的高中毕业生来，他们与高中辍学的学生更接近，失业率、监禁率、吸毒和酗酒率都更高。

赫克曼在《劳动经济学》(*Labour Economics*)期刊上写道："生活中的成功取决于那些没有很好地被认知手段度量的人格特征。"责任心、毅力、社交能力和好奇心很重要。虽然经济学家在很大程度上忽视了这些特征，人格心理学家却在过去的一个世纪里对此进行了研究。他们已经建立了衡量指标，并提供证据证明这些特征可以预测生活中有意义的成就。

越来越多的证据表明，教给学生非认知技能，比如成长型思维，可能意味着积极的效果会出现在他后来的生活中，我们必须开始把非认知技能看作是我们职业中不容商量的一部分，和我们想教的认知技能有着同样的价值。

如果这个理由对你来说还不够有力的话，那就考虑一下这个。当我们的学生相信他们有能力通过努力、练习和坚持不懈变得更聪明，在任何领域都能获得进步时，他们就会从许多残留效应中受益。他们不再觉得自己能学到的东西是有限的，不再在失败面前说放弃，或者不再相信完美才是唯一可接受的结果。当学生采用成长型思维时，他们就可以深入学习，真正没有恐惧、没有忧虑、没有压力地享受学习。

卡罗尔·德韦克在《终身成长：重新定义成功的思维模式》中写道："变得优秀比生来优秀要更好。"[88]

努力使你的课堂成为一个让人变得优秀的地方：变得更加聪明，变得更善良，变得更有洞察力，更有好奇心，更合作。鼓励你的学生不断努力成为这个世界上自己想成为的任何人。学生在学校的唯一状态就是要变得优秀。保持成长型思维意味着不断发展、不断学习、不断变得优秀。保持这种想法，因为每一天，你都在努力成为一个比昨天更优秀的老师。

注 释

1. 苏珊娜·克拉罗（Susana Claro），大卫·保内斯库（David Paunesku），与卡罗尔·德韦克（Carol S. Dweck），"成长型思维调和贫穷对学业成绩产生的影响"（Growth Mindset Tempers the Effects of Poverty on Academic Achievement），第113卷，第31期：8664-8669，doi识别号：10.1073/pnas.1608207113。

2. 巴里·沃尔什（Bari Walsh）与利亚·沙弗（Leah Shafer），"成长型思维与儿童健康：不仅适用于学校——积极的思维也潜在地促进身体健康（Growth Mindset and Children's Health: Not Just for School— A Positive Mindset Has Potential to Boost Physical Well-Being, Too），《可用的知识》（*Usable Knowledge*）。哈佛大学教育研究院（Harvard Graduate School of Education），https://www.gse.harvard.edu/news/uk/17/03/growth-mindset-and-childrens-health。

3. 詹姆斯·赫克曼（James J. Heckman）与艾伦·克鲁格（Alan B. Krueger），《美国的不平等：人力资本政策的角色是什么？》（*Inequality in America: What Role for Human Capital Policies?*）剑桥，马萨诸塞：麻省理工出版社（MIT Press），2003。

4. 大卫·保内斯库等，"思维干预是学业成绩不良的可测量干预手段"（Mind-Set Interventions Are a Scalable intervention for Academic Underachievement），《第一在线心理科学》（*Psychological Science Online*

First），2015 年 4 月 10 日，doi 识别号：10.1177/ 0956797615571017.

5. 卡罗尔·德韦克，《终身成长：重新定义成功的思维模式》(*Mindset： The New Psychology of Success*)（纽约：Ballantine Books，2006），15–16.

6. 出处同上，16.

7. 出处同上，245.

8. 克里斯·格罗斯·罗（Christine Gross Loh），"赞美如何成为安慰奖"（How Praise Became a Consolation Prize），《大西洋》(*The Atlantic*)，2016 年 12 月 16 日，https：//www.theatlantic.com/education/archive/2016/12/how-praise-became-a-consolation-prize/510845/.

9. 特里·古德里奇（Terry Goodrich），"贝勒研究发现：精英学院的青年白人学生认为亚裔美国人比黑人、西班牙裔美国人更能干"（Young White Students at Elite Colleges View Asian-Americans as More Competent than Blacks and Hispanics, Baylor Study Finds），2016 年 1 月 19 日，http：//www.baylor.edu/mediacommunications/news.php？action=story&story=164926.

10. 谢恩·洛佩兹（Shane Lopez）与瓦莱丽·卡尔德龙（Valerie J. Calderon），"学生有成功的意愿，但许多缺乏成功的方法"（Students Have the Will to Succeed, but Many Lack the Ways），盖洛普（Gallup），2016 年 3 月 15 日，http：//www. gallup.com/opinion/gallup/189947/students-succeed-lack-ways.aspx？g_source=&g_medium=&g_campaign=tiles.

11. 贝拉克·奥巴马（Barack Obama），"在韦克菲尔德高中的返校演讲"（Back-to-School Speech at Wakefield High），2009 年 9 月 8 日，弗吉尼亚阿灵顿，http：//www.americanrhetoric.com/speeches/barackobama/barackobama backtoschoolspeech.htm.

12. 卡罗尔·德韦克,"养育聪明孩子的秘诀"(The Secret to Raising Smart Kids),《科学美国人》(*Scientific American*),2015年1月1日,https://www.scientificamerican.com/article/the-secret-to-raising-smart-kids1.

13. 卡丽莎·罗梅罗(Carissa Romero),"从科学研究看我们对成长型思维的认识"(What We Know About Growth Mindset from Scientific Research),思维模式学者网(Mindset Scholars Network),2015年7月,http://mindsetscholarsnetwork.org/wp-content/uploads/2015/09/What-We-Know-About-Growth-Mindset.pdf.

14. 卡罗尔·德韦克,"成长型思维的非凡影响"(The Remarkable Reach of Growth Mind-Sets),《科学美国人》(*Scientific American*),January/ February 2016 1月/2月, 38–41.

15. 《教育周刊》研究中心(Education Week Research Center),"课堂里的思维模式:一项针对中小学教师的全国性调查"(Mindset in the Classroom: A National Study of K–12 Teachers),2016,http://www.edweek.org/media/ewrc_mindsetintheclassroom_sept2016.pdf.

16. 彼得·德威特(Peter DeWitt),"成长型思维不起作用的缘由"(Why a 'Growth Mindset' Won't Work),《教育周刊》(*Education week*),2015年7月7日,http://blogs.edweek.org/edweek/finding_common_ground/ 2015/07/why_a_growth_ mindset_wont_work.html?print=1.

17. 娜迪亚·洛佩兹(Nadia Lopez),《通往辉煌的桥梁:一个艰难学区小学校长是如何震撼世界的》(*Bridge to Brilliance: How One Principal in a Tough Community is Inspiring the World*),(纽约: Viking, 2016), 47–50.

18. 克里斯·格罗斯·罗,"赞美如何成为安慰奖"(How Praise Became

a Consolation Prize），《大西洋》（The Atlantic），2016年12月16日，https : //www.theatlantic.com/education/archive/2016/12/how-praise-became-a-consolation-prize/510845/.

19. 卡罗尔·德韦克，《终身成长：重新定义成功的思维模式》（Mindset : The New Psychology of Success）（纽约：Ballantine Books，2006），7

20. 安蒂·朱德森（Andie Judson），"CMS通过握手与学生交流"（CMS Teacher Connects to Students with Personal Handshakes），WCNC.com，2017年2月1日，http : //www.wcnc.com/news/education/teacher-has-individual-handshakes-with-every-student/394516216.

21. 布里奇特·哈姆（Bridget K. Hamre）与罗伯特·皮安塔（Robert C. Pianta），"早期师生关系与八年级儿童学校成绩变化轨迹"（Early Teacher-Child Relationships and the Trajectory of Children's School Outcomes through Eighth Grade），《儿童发展》（Child Development），2001年3月/4月，第72卷，（2）：625-638.

22. 丽塔·皮尔森（Rita Pierson），"每个孩子都需要一个冠军"（Every Kid Needs a Champion），视频文件，2013年5月，https : //www.ted.com/ talks/rita_pierson_every_kid_needs_a_champion.

23. 理查德·冈德曼（Richard Gunderman），"美国教育出了些问题"（Something Is Rotten in the State of US education），《对话》（The Conversation），2015年5月18日，https : //theconversation.com/something-is-rotten-in-the-state-of-us-education-41738.

24. 朱莉娅·威尔金斯（Julia Wilkins），"良好的师生关系：城区高中教师视角"（Good Teacher-Student Relationships : Perspectives of Teachers in Urban High Schools），《美国中等教育》（American Secondary Education），2014年9月，第43卷，（1）。

25. C. S. 格林（C. S. Green）与 D. 巴维利尔（D. Bavelier），"锻炼你

的大脑：人类大脑的可塑性和训练诱导型学习"（Exercising Your Brain：A Review of Human Brain Plasticity and Training-Induced Learning），《心理学与老龄化》（Psychology and Aging），December 2008年12月，第23卷，（4）：692-701，doi识别号：10.1037/a0014345. https://www.ncbi.nlm.nih.gov/pmc/articles/PMC2896818.

26. 卡拉·沙茨（Carla Shatz）. 1992.《科学美国人》（Scientific American）. 发展中的大脑（The Developing Brain），第267卷，（3）. 267（3）；60–67.

27. 彼得·布朗（Peter C. Brown），亨利·罗迪格（Henry L. Roediger），马克·A. 麦克丹尼尔（Mark A. McDaniel），《牢牢记住：成功学习的科学》（Make It Stick：The Science of Successful Learning），剑桥，马萨诸塞：哈佛教育出版社（Harvard Education Press），2014. 130.

28. 波亚·阿加瓦尔，《检索练习》（Retrieval Practice），2017，http://www.retrievalpractice.org.

29. 波亚·阿加瓦尔，亨利·罗迪格，马克·麦克丹尼尔（Mark McDaniel），凯萨琳·麦克德莫特（Kathleen McDermott），"如何使用检索练习改善学习"（How to Use Retrieval Practice to Improve Learning），圣路易斯（St. Louis），华盛顿大学（Washington University），2013，http://www.retrievalpractice.org/guide.

30. 托马斯·海希尔（Thomas Hehir）与劳拉·希夫特（Laura Schifter），《你是怎么来到这里来的？残疾学生与他们的哈佛之旅》（How Did You Get Here？Students with Disabilities and Their Journeys to Harvard），剑桥，马萨诸塞：哈佛教育出版社（Harvard Education Press），2015.

31. 贝娜·卡利克（Bena Kallick）与艾莉森·兹穆达（Allison

Zmuda），《处于中心地位的学生：运用思维习惯进行个性化学习》(Students at the Center: Personalized Learning with Habits of Mind)，ASCD，2017年1月27日，54.

32. 唐娜·威尔逊（Donna Wilson）博士，"元认知：不断给予的礼物"，(Metacognition: The Gift that Keeps Giving)，教育乌托邦（Edutopia），2014年10月7日。https://www.edutopia.org/blog/metacognition-gift-that-keeps-giving-donna-wilson-marcus-conyers.

33. 小东·林-西格勒（Xiaodong lin-Siegler）与珍妮特·恩（Janet N. Ahn），"即使爱因斯坦也有困难：学习伟大科学家的困难对高中生学习科学动机的影响"（Even Einstein Struggled: Effects of Learning About Great Scientists' Struggles on High School Students' Motivation to Learn Science），《教育心理学期刊》(Journal of Educational Psychology)，2016，第108卷，(3)，314-328。载于：http://www.apa.org/pubs/journals/releases/edu-edu0000092.pdf.

34. 出处同上。

35. 出处同上。

36. 莫德斯特·柴可夫斯基（Modeste Tchaikovsky），《彼得·伊里奇·柴可夫斯基的生平与书信》(The Life and Letters of Peter Ilich Tchaikovsky)，纽约：Haskell House Publishers，1970，281.

37. 索菲娅·史密斯（Sophia Smith），"在破碎事物中认识美的日本艺术"（The Japanese Art of Recognizing Beauty in Broken Things），《制造》(Make)，2017年8月17月，http://makezine.com/2015/08/17/kintsugi-japanese-art-recognizing-beauty-broken-things.

38. 盖尔·沙利文（Gail Sullivan），"学校新来的孩子因违反着装守则被迫穿'羞辱服'"（New Kid at School Forced to Wear 'Shame Suit' for Dress Code Violation），《华盛顿邮报》(The Washington Post)，2014

年 9 月 5 日, https : //www.washingtonpost.com/news/morning-mix/wp/2014/ 09/05/new-kid-at-school-forced-to-wear-shame-suit-for-dress-code-violation/？utm_term=.7128ec54af41.

39. 布勒内·布朗 (Brené Brown), "公开羞辱比少女怀孕更好地展示'如果感觉好——就去做'" (Public Shaming is a Better Example of "If It Feels Good—Do It" than Teen Pregnancy), 2013 年 3 月 20 日, http : //brenebrown.com/2013/03/20/2013320meuitdwaubpgr9qt1xanm3fwwa0sjo.

40. 布勒内·布朗, "教师、羞辱与价值感" (Teachers, Shame, and Worthiness : A Lesson Learned), 2013 年 9 月 29 日, http : //brenebrown.com/2013/09/29/teachers-shame-worthiness-lesson-learned.

41. 尼基·萨比斯顿 (Nikki Sabiston), "为什么我再也不用行为图表了" (Why I Will Never Use a Behavior Chart Again), 《进步中的教学》 (Teaching in Progress), 2012 年 10 月, http : //www.teachinginprogress.com/ 2012/10/why-i-will-never-use-behavior-chart.html.

42. 尼基·萨比斯顿 (小学老师), 与本书作者讨论, 2016 年 12 月 31 日。

43. 布勒内·布朗, "倾听羞辱" (Listening to Shame), 视频文件, 2012 年 3 月, https : //www.ted.com/talks/ brene_brown_listening_to_shame.

44. 安·门罗 (Ann Monroe), "羞辱解决方案：羞辱如何影响学龄儿童以及教师如何提供帮助" (Shame Solutions : How Shame Impacts School-Aged Children and What Teachers Can Do to Help), 教育论坛 (The Educational Forum), 2009 年 1 月 7 日, 第 73 卷, (1), 2008 : 58 - 66, http : //dx.doi.org/10.1080/00131720802539614.

45. 布勒内·布朗,《大胆勇敢：接受攻击的勇气如何改变我们的生活方式、表达爱的方式、为人父母以及引导的方式》(*Daring Greatly*：*How the Courage to Be Vulnerable Transforms the Way We Live*，*Love*，*Parent*，*and Lead*)，纽约高谭图书（New York Gotham Books，2012），192.

46. 玛丽·皮弗（Mary Pipher），《复活欧菲莉亚：拯救少女们的自我》(*Reviving Ophelia*：*Saving the Selves of Adolescent Girls*)，媒体教育基金会（Media Education Foundation），http：//www.mediaed.org/transcripts/Reviving-Ophelia-Transcript.pdf.

47. 玛格丽特·米德（Margaret Mead），"关于米德/贝特森的常见问题"（Frequently Asked Questions about Mead/Bateson），跨文化研究所（Institute for Intercultural Studies），http：//www.interculturalstudies.org/faq.html.

48. 卡尔·兰塞姆·罗杰斯（Carl Ransom Rogers），《卡尔·罗杰斯读本》(*The Carl Rogers Reader*)，（纽约：Houghton Mifflin Harcourt 出版社，1989），225.

49. 索尔·麦克劳德（Saul McLeod），"卡尔·罗杰斯"（Carl Rogers），《简明心理学》(*Simply Psychology*)，https：//www.simplypsychology.org/carl-rogers.html.

50. 布勒内·布朗，"脆弱的力量"（The Power of Vulnerability），视频文件，2010年6月，https：//www.ted.com/talks/ brene_brown_on_vulnerability.

51. 玛丽亚·弗林（Mariah Flynn），"教师可以通过表达共情降低留校察看的比例"（Teachers Can Reduce Suspensions by Practicing Empathy），《更大的善》(*Greater Good*) 杂志，2016年5月26日，http：//greatergood.berkeley.edu/article/item/teachers_can_reduce_suspensions_by_practicing_empathy.

52. 《纽约时报》编辑委员会（Editorial Board of The New York Times），"学校—监狱通道"（The School-to-Prison Pipeline），《纽约时报》，2013年5月30日：A.22.

53. 美国教育部公民权利办公室（United States Department of Education Office for Civil Rights），"公民权利数据收集"（Civil Rights Data Collection），简报编号：1，2014年3月，http：//ocrdata.ed.gov/downloads/crdc-school-discipline-snapshot.pdf.

54. 马特·戴维斯（Matt Davis），"修复性司法：学校资源"（Restorative Justice：Resources for Schools），《教育乌托邦》（*Edutopia*），2013年10月4日，https：//www.edutopia.org/blog/restorative-justice-resources-matt-davis.

55. 肖特基金会（Schott Foundation），"检索练习：培育健康人际关系、促进学校积极自律"（Restorative Practices：Fostering Healthy Relationships and Promoting Positive Discipline in Schools），2014年3月，http：//www.otlcampaign.org/sites/default/files/restorative-practices-guide.pdf.

56. PERTS，"思维模式转向能减少留校察看比率吗？"（Can a Shift in Mindset Reduce Suspensions？），《媒体》（*Medium*），2016年6月28日，https：//medium.com/learning-mindset/can-a-shift-in-mindset-reduce-suspensions-30ef50912015.

57. 出处同上。

58. 威廉·M·穆尔（William M. Muir）与大卫·斯隆·威尔森（David Sloan Wilson），"当强者胜过弱者：威廉·缪尔访谈录"（When the Strong Outbreed the Weak：An Interview with William Muir），进化研究所（The Evolution Institute），2016年7月11月，https：//evolution-institute.org/article/when-the-strong-outbreed-the-weak-

an-interview-with-william-muir.

59. 玛格丽特·赫弗南（Margaret Heffernan），"忘记工作中的等级次序"（Forget the Pecking Order at Work），视频文件，2015年5月，https：//www.ted.com/talks/margaret_heffernan_why_it_s_time_to_forget_the_ pecking_order_at_work.

60. 阿利克斯·施皮格尔（Alix Spiegel），"教师的期望能影响学生的表现"（Teachers' Expectations Can Influence How Students Perform），NPR，2012年9月17日，http：//www.npr.org/sections/health-shots/2012/09/18/161159263/teachers-expectations-can-influence-how-students-perform.

61. 沃尔特·米契尔（Walter Mischel）与埃贝·埃贝森（Ebbe B. Ebbesen），"延迟满足的注意事项"（Attention in Delay of Gratification），《人格与社会心理学杂志》（Journal of Personality and Social Psychology），第16卷，（2），1970年10月，329-337，doi识别号：10.1037/ h0029815.

62. 雅科巴·乌里斯特（Jacoba Urist），"关于自控，棉花糖实验究竟告诉我们什么"（What the Marshmallow Test Really Teaches About Self-Control），"《大西洋》（The Atlantic），2014年9月24日，https：//www.theatlantic.com/health/archive/2014/09/what-the-marshmallow-test-really-teaches-about-self-control/380673.

63. "重温棉花糖研究"（The Marshmallow Study Revisited），罗彻斯特大学（University of Rochester），2012年10月11日. http：//www.rochester.edu/news/show.php？id=4622.

64. 劳伦·席勒（Lauren Schiller）与克里斯蒂娜·辛顿（Christina Hinton），"千真万确：越开心的学生分数更高"（It's True：Happier Students Get Higher Grades），2015年7月30日，https：//theconversation.com/its-true-happier-students-get-higher-

grades-41488.

65. 扎卡里·杰森（Zachary Jason），"无聊疯了"（Bored Out of Their Minds），《哈佛教育》杂志（*Harvard Ed Magazine*），2017冬季刊，https：//www.gse.harvard.edu/news/17/01/bored-out-their-minds.

66. 贾尔·梅塔（Jal Mehta）与萨拉·法恩（Sarah Fine），"为何边缘往往强于中心"（Why the Periphery Is Often More Powerful Than the Core），《哈佛教育》杂志（*Harvard Ed Magazine*），2017冬季刊，http：//www.gse.harvard.edu/news/ed/17/01/why-periphery-often-more-powerful-core.

67. 洛里·霍夫（Lory Hough），"超越平均"（Beyond Average），《哈佛教育》杂志（*Harvard Ed Magazine*），2015秋季刊，http：//www.gse.harvard.edu/news/ed/15/08/beyond-average.

68. 出处同上。

69. 出处同上。

70. 贾琳·福林格（Jarene Fluckinger），"单点规则：负责任学生的自我评价工具"（Single Point Rubric：A Tool for Responsible Student Self-Assessment），教师教育学院出版物（Teacher Education Faculty Publications），2010，http：//digitalcommons.unomaha.edu/tedfacpub/5.

71. 凯西·刘·孙（Kathy Liu Sun），"没有界限：数学教学中的成长型思维"（There's No Limit：Mathematics Teaching for a Growth Mindset），学位论文，2015，斯坦福大学教育研究院（Standford University Graduate School of Education），https：//purl.stanford.edu/xf479cc2194.

72. 乔治·斯拉维奇（George Slavich），"成为心理学教师"（On Becoming a Teacher of Psychology），2006，加州大学洛杉矶分校

（University of California at Los Angeles），http：//uclastresslab.org/pubs/Slavich_TeachingAutoBio_2006.pdf.

73. 乔·博勒（Jo Boaler），"多维数学"（Multidimensional Mathematics），YouCubed，https：//www.youcubed.org/multidimensional-mathematics.

74. 肖恩·基利安（Shaun Killian），"八个让罗伯特·马扎诺与约翰·哈蒂产生共识的策略"（8 Strategies Robert Marzano and John Hattie Agree On），澳大利亚实证教学学会（The Australian Society for Evidence Based Teaching），2015年6月17日，http：//www.evidencebasedteaching.org.au/robert-marzano-vs-john-hattie.

75. "马扎诺博士的小贴士：高度参与的课堂"（Tips From Dr. Marzano：The Highly Engaged Classroom），《马扎诺研究》（*Marzano Research*），https：//www.marzanoresearch.com/resources/tips/hec_tips_archive#tip15.

76. 肯·罗宾逊先生（Sir Ken Robinson），2010，"促进学习革新"（Bring On the Learning Revolution!）（演讲），TED演讲视频录像，https：//www.ted.com/talks/sir_ken_robinson_bring_on_the_revolution.

77. X，"我做了什么"（What We Do），x.company/about.

78. 伊莉莎·米纳库西（Eliza Minnucci）（小学教师），与本书作者讨论，2017年1月7日。

79. 科斯塔斯·苏鲁帕斯（Costas N. Tsouloupas），拉塞尔·卡森（Russell L. Carson），拉塞尔·马修斯（Russell Matthews），马修·格拉维奇（Matthew J. Grawitch），与拉丽莎·巴伯（Larissa K. Barber），"论教师感知的学生不良行为与情绪耗竭间的关系：教师效能信念与情绪调节的重要性"（Exploring the Association Between Teachers' Perceived Student Misbehavior and Emotional Exhaustion：The Importance

of Teacher Efficacy Beliefs and Emotion Regulation),《教育心理学》(*Education Psychology*),第30卷,(2),2010,doi识别号:10.1080/01443410903494460.

80. 维姬·扎克热夫斯基(Vicki Zakrzewski),"自我关怀在防范教师倦怠感中的作用"(How Self-Compassion Can Help Prevent Teacher Burnout),《更大的善》(*Greater Good*),2012年9月11日,http://greatergood.berkeley.edu/article/item/self_compassion_for_teachers.

81. 克莉丝汀·内夫(Kristin Neff),"自我关怀三要素"(The Three Elements of Self-Compassion),Self-Compassion.org,http://self-compassion.org/the-three-elements-of-self-compassion-2.

82. 杰米·冈布瑞希特(Jamie Gumbrecht),"'#我希望我的教师了解'平台分享学生的悲伤与希望"(#IWishMy TeachersKnew shares students' heartbreaks, hopes),CNN.com,2015年4月20日,http://www.cnn.com/2015/04/17/living/i-wish-my-teacher-knew-kyle-schwartz-schools-feat/index.html.

83. 凯尔·施瓦兹(Kyle Schwartz),《我希望我的老师了解:一个问题如何改变孩子的一切》(*I Wish My Teacher Knew: How One Question Can Change Everything for Our Kids*),波士顿(Boston),MA:达·卡波出版社(Da Capo Press),2016,15.

84. 伊丽莎白·库布勒·罗斯(Elisabeth Kubler-Ross),基金会(Foundation),"伊丽莎白·库布勒·罗斯语录50则"(50 Quotes by Elisabeth Kubler-Ross),http://www.ekrfoundation.org/quotes.

85. 卡罗尔·德韦克,《终身成长:重新定义成功的思维模式》(*Mindset: The New Psychology of Success*)(纽约: Ballantine Books, 2006), 245.

86. 丽塔·皮尔森(Rita Pierson),"每个孩子都需要一个冠军"(Every Kid Needs a Champion),视频文件,2013年5月,https://www.

ted.com/ talks/rita_pierson_every_kid_needs_a_champion.

87. 詹姆斯·赫克曼（James J. Heckman），约翰·埃里克·汉弗莱斯（John Eric Humphries），尼古拉斯·S·马德尔（Nicholas S. Mader），The GED，国家经济研究局（National Bureau of Economic Research），2010 年 6 月，http：//www.nber.org/papers/w16064.pdf.

88. 卡罗尔·德韦克，《终身成长：重新定义成功的思维模式》（*Mindset：The New Psychology of Success*）（纽约：Ballantine Books，2006），25.

致 谢

感谢我们各自的丈夫马特（Matt）和杰瑞德（Jared），在我们写作这本书时帮助收拾家里的烂摊子。你们的支持才让一切变得可能。感谢我们的孩子——阿比盖尔（Abbigail）、艾迪生（Addison）、阿伯特（Abbott）、菩提（Bodhi）与莱拉（Lila）——感谢你们的耐心支持。你们真是我们的灵感所在！

感谢伊莱扎·米努西（Eliza Minnucci）（forestkinder.org）、尼基·萨比斯顿（Nikki Sabiston）（teachinginprogress.com）、波亚·阿加瓦尔（Pooja Agarwal）（retrievalpractice.org）、辛迪·穆琳（Cindy Moulin），和雪莉·索帕（Shelley Sopha）——感谢你们与我们一起分享你们的见解、故事和策略。这本书是对你们的贡献更好的感谢。当然，还要感谢卡罗尔·德韦克（Carol Dweck）以及所有孜孜不倦地致力于提高教学和学习水平的研究者们。

这本书大部分是在堪萨斯州霍尔顿轮胎服务中心（Holton Tire and Service）后院的一个小房间里完成的。感谢克林特（Clint）与凯丽·布洛克（Kelly Brock）提供安静的环境、免费WiFi和舒适的座椅。这正是我们需要的！

特别感谢我们的朋友和家人们：雅利纳（Aryannah）、麦肯齐（Mackenzie）、罗伊（Roy）、卡洛琳（Carolyn）、大卫

（David）、莎伦（Sharon）、鲍勃（Bob）、盖里（Gary）、辛迪（Cindy）、杰克（Jake）、史蒂夫（Stevie）、萨姆（Sam）、罗莉（Lori）、因加（Inga）、乔（Joe）、诺拉（Norah）、艾米（Amy），感谢你们源源不断的支持和鼓励。

感谢教育界的同行们不断为我们的写作提供支持和灵感。你们的帖子、分享、推特、聊天和书籍研究激励了我们继续写作并与教育界分享。这个行业里充满创新，人才济济，大家都能非常慷慨地贡献自己的时间和想法，我们很荣幸能成为其中的一员。

感谢家乡的教学和学习基地——堪萨斯州霍尔顿联合学区336号（Unified School District No.336）和格林布什东南堪萨斯教育服务中心（Greenbush Southeast Kansas Education Service Center），感谢所有的学生、老师与组织机构人员为完成高质量公共教育的崇高使命每天聚集一堂、齐心协力。

最后要感谢我们的编辑凯希·沃格尔（Casie Vogel），以及尤利西斯出版社（Ulysses Press）的团队。我们非常感谢你们提供的支持、指导与奉献，帮助我们创作并出版让我们引以为傲的最终成果。

安妮·布洛克和希瑟·亨得利

图书在版编目（CIP）数据

成长型思维训练.2/（美）安妮·布洛克，（美）希瑟·亨得利著；李华丽译.—上海：上海社会科学院出版社，2019

书名原文：The Growth Mindset Playbook: A Teacher's Guide to Promoting Student Success

ISBN 978-7-5520-2909-3

Ⅰ.①成… Ⅱ.①安…②希…③李… Ⅲ.①思维训练 Ⅳ.① B80

中国版本图书馆 CIP 数据核字（2019）第 261793 号

Copyright © 2017 by Annie Brock and Heather Hundley
All rights reserved.

上海市版权局著作权合同登记号：图字 09-2019-786 号

成长型思维训练2

著　　者：	（美）安妮·布洛克　（美）希瑟·亨得利
译　　者：	李华丽
责任编辑：	杜颖颖
特约编辑：	陈朝阳
封面设计：	主语设计
出版发行：	上海社会科学院出版社
	上海市顺昌路 622 号　邮编 200025
	电话总机 021-63315947　销售热线 021-53063735
	http://www.sassp.cn　E-mail: sassp@sassp.cn
印　　刷：	河北鹏润印刷有限公司
开　　本：	710 毫米 × 1000 毫米　1/16
印　　张：	13.75
字　　数：	140 千字
版　　次：	2020 年 3 月第 1 版　2020 年 3 月第 1 次印刷

ISBN 978-7-5520-2909-3/B·269　　　　　　定价：39.80 元

版权所有　翻印必究